離れたくても離れられないあの人からの

# 「攻撃」がなくなる本

Joe

SB Creative

プロローグ

# たった1つのことを理解するだけで「攻撃」は驚くほどなくなる

いつも、夫や妻から人格を否定される。
いつも、上司から自分だけが理由なく怒鳴られる。
いつも、恋人から理不尽な言いがかりをつけられる。
どこに行っても、なぜかいじめのターゲットになってしまう。

**攻撃されない人が大勢いる中で、なぜ、自分だけが攻撃のターゲットに選ばれるのか？**

**何をしても、また、何もしなくても、自分だけが攻撃されるのは、なぜなのか？**

**何をどうすれば、この延々と続く攻撃がなくなるのか？**

身近にいて、いつも攻撃してくる人というのはどこにでもいます。

本来、そのような人とは、速やかに離れるべきでしょう。しかし、世の中には、離れたくても離れられない事情のある人もいるわけです。

では、そのような、離れられない事情があり、共存を余儀なくされている人たちは、「いつも攻撃してくる人」に対して、どのように対処すればいいのでしょう。

どうすれば、その攻撃がなくなるのでしょうか。

## 攻撃されるかどうかは、あなたが何をするかではなく、「どういう人間に見えるか」によって決まる

多くの被害者は、攻撃を止めてもらうために、相手に認めてもらおうとして必死に尽くし、媚び、また気持ちをわかってもらおうとして必死で説明をします。

その結果、追い詰められ、疲れ果て、自制心をなくして、嘆願、嗚咽、説教……あ

らゆる手を尽くし、感情をむき出しにして訴えます。

しかし、あなたが攻撃のターゲットになっている場合、それらの対処は、ほとんどの場合、逆効果です。

あなたがいつも攻撃されるのは、あなたが何かをしたり、相手とあなたの気持ちがすれ違っていたりするからではありません。

**あなたがいつも攻撃されるのは、相手から見てあなたという人が、「攻撃しやすい人間」に見えているからです。**

つまり、普段からの表情、態度を含めたあなたのキャラクターが、「攻撃しやすいキャラ」に見えているからなのです。

このことは、学校などでの「いじめ」の被害者を想像するとわかりやすいと思います。何かをした子がいじめられるのではありません。

**「いじめられやすいキャラ」の子が、何をしても、しなくても、いじめられるのです。**

あなたが、今日まで演じてきているキャラのままで、これからもその相手の前に存在し、振る舞うかぎり、そのキャラのあなたが何をやっても、あなたは攻撃され続けるでしょう。

逆に言うと、あなたがこれから、その相手の前で演じるキャラを変え、普段から「攻撃されないキャラ」として存在していれば、今までと同じことをしたとしても、あなたは攻撃されなくなるわけです。

「攻撃されないキャラ」というと、難しく感じるかもしれませんが、実はとてもシンプルです。

詳しくは、本文で解説していきますが、**簡単に言うと、その相手の前で、普段から言葉を減らし、本心では何を考えているかわからない人になるということです。**

その上で淡々と相手に接すれば、それだけで、あなたからは、腹の底の知れない、なんとなく怖いオーラが醸し出されます。そうすると、そのオーラによって、相手はあなたへの攻撃を躊躇《ためら》うようになります。

**あなたは、攻撃してくる人と正々堂々と戦う必要はありません。いっさい戦わずして、相手の攻撃欲を萎えさせることができるのです。**

もしあなたが、一旦誰かから継続的に攻撃され始めたら、それ以降は、本当の自分を相手にわかってもらおうとしてはいけません。逆に、相手にはわからない部分を意図的に作るのです。人間というのは、腹の底の知れない相手に対しては、怖くて攻撃できないものなのです。

私は、自らが諍《いさか》いの絶えないモラハラ関係にある両親のもとで育った経験を活かして、モラルハラスメントへの対処法「Ｊｏｅメソッド」を開発し、以降、モラハラ対策カウンセラーとして、多くの被害者に対して、カウンセリングや講演活動を行っております。

**「Ｊｏｅメソッド」は、「今の感情は、とりあえず横に置いて、自分が望む結果が得られる動きを淡々と行う」という解決型のメソッドです。**

したがって、Ｊｏｅメソッドを実践した人の効果は、ほとんどの場合、極めて明確な形で表れます。

以下、Ｊｏｅメソッドを実践した方の体験談を、ご本人の了解を得てご紹介します。

## Ａさん（40代　専業主婦）

夫が毎日イライラして、爆発を繰り返し、暴言を吐き、子どもにも当たり散らしていました。これは異常だと思い、ネットを検索した結果、Ｊｏｅさんのブログを見つけました。

無料メール講座を受けたうえで、アドバイスに従って対処を始めました。

急に寡黙になった私に異変を感じ、「何も話さなくなった！」とか、「様子がいつもと違う！」とか言われましたが、「あぁ……」を繰り返して、言うべきことは、メソッドの通り、短く穏やかに言い切り、夫に私を諦めさせました。

同じ部屋にいるときは怖かったですが、とにかく沈黙を味方にしました。夫との境界線を、どんどん増やしていきました。

しばらくの間、「おまえが何を考えているのかわからない」と言われることもありましたが、「あぁ」と「うーん」でかわしました。

そのうち、夫が私の機嫌を取り始めました。

私は、あくまで穏やかな態度を取っているのですが夫から見ると私が何を考えているかわからず、ちょっと怖くなったのかもしれません。

夫は、自分のことは自分でやるようになり、基本的に機嫌が良くなりました。被害妄想のようなことも言わなくなりました。

私からはほぼ話しかけませんが、夫は以前とは打って変わって機嫌よく話しかけてきます。会話は続きませんが、ご機嫌です。

私が夫に媚びることはないし、機嫌が悪いときは、機嫌が悪いなりの態度を取ることもありますが、それが伝わっても夫は私を責めなくなりました。

むしろそういうとき、なぜか夫は私の機嫌を取ってきます。

今まで私は夫とうまくやっていきたくて、ずっと自分が歩み寄っていたのですが、私が歩み寄れば歩み寄るほど、夫の暴言はひどくなっていました。

今はほとんど、それとは真逆のことをやっているのに、夫は私の機嫌を取ってきます。

たまに私が気を抜いて、優しい態度になると、夫は急に強気になって、明らかに態度が横柄になりますが、私がすぐに態度を戻すと夫の態度も戻ります。

もちろん、一定の距離を取っているので、仲良し夫婦と言える状態ではありませんが、私はとても生きやすくなりました。ありがとうございました。

## Bさん（30代　会社員）

私の場合は、上司からのいじめでした。

社員はたくさんいるのに、なぜか私だけいつも理不尽なことで怒られるし、たくさんの仕事を押し付けられるのに、その仕事は上司自身が自分でやったかのように上に報告される有様でした。

機嫌が悪いときはいつも、明らかな八つ当たりで怒鳴られました。

私の同僚たちにも私の悪口を吹き込み、その同僚たちも困っているようでした。

ネットで検索してブログを見つけて、Ｊｏｅさんのカウンセリングを受けたところ、その上司に歩み寄り過ぎているからだとの指摘を受け、次の日から歩み寄るのを止めました。

同時に、Ｊｏｅさんに指示された通り、言葉数を減らし、凛とした表情と、話し方に変えました。今までのように、事細かに事情を説明するのを止めて、意味深な雰囲気を出すようにしてみました。

そうすると、もうその日から、その上司の態度は変わりました。最初は、態度が変わった私をすごく警戒しているようでした。

ちょっと脅しのようなことを言ってきたり、逆に、今まで一度もしたことのない笑顔で話しかけてきたりしました。

その態度の変化があまりにも嘘くさく、正直私は怒りが湧いていたのですがＪｏｅさんに言われた通り、感情は表に出さず、淡々とした一定の態度のまま、丁寧にやるべき仕事だけをやりました。一定の態度を崩さないように心がけました。

そうしていると、だんだんとその上司は、私に仕事を押し付けなくなってきました。明らかに、私には話しかけづらそうでした。廊下ですれ違っても、目をそらしてきます。同僚への私の悪口もなくなりました。

なぜなのかはわかりませんが、とにかく私は信じられないくらい楽になりました。

誰かをターゲットにしないといけない人らしく、今では同じ部署の別の人に嫌がらせをしているようですが、私への攻撃はなくなりました。

この上司の場合は、何を考えているかわからない、冷たい雰囲気の人が苦手なように見えます。

Ｊｏｅメソッドのコツがわかったので、会社以外の人との関係でも、応用して使ってみたいと思います。ありがとうございました。

＊

「いつも攻撃してくる人」のタイプは様々なので、その改善のプロセスも様々ですが、**あなたの態度が変われば、相手の態度も変わります。**

基本的なコツを踏まえ、ご自身の状況に合わせて対応することで、相手からの攻撃はなくなっていくはずです。

目次　離れたくても離れられないあの人からの「攻撃」がなくなる本

第1章

# もうガマンしない！「攻撃」がなくなる3つの心得

## STEP1 「悪人」として相手に接する



## STEP2 相手に無関心になる

## STEP3 反応を減らす

## 第2章 理不尽な「攻撃」にはこう対処する！ 戦わないで勝つための逆転ルール

### STEP4 言葉を減らす

## STEP5 接点を減らす

## STEP 6 継続する

## 第3章 それでも「攻撃」が止まらないときの最終手段

序章

# その「攻撃」には理由がある！

——あの人の心理を理解する6つの極意

# 「弱い」もしくは「有害」と思われているから攻撃される

まず、「いつも攻撃されている原因」を考えてみましょう。

何をしても攻撃される、あるいは何もしなくても攻撃される。わけがわからず、悲しい、つらい気持ちが募っていると思いますが、あなたがターゲットにされていることには何かしら原因があるはずです。

もしあなたが、誰かから一回攻撃されただけ、もしくは怒られただけであれば、そのときに攻撃される原因となった行動を反省すれば良いでしょう。

そして、次回からその行動をしなければ、もう、あなたが怒られることもないし、攻撃されることもないでしょう。

この場合は、相手の攻撃を止めるのは簡単です。

ところが、あなたの場合は、「いつも」攻撃されているわけですね。

誰かから「いつも」攻撃されるというのは、一回怒られるのとは次元が違います。

そして、攻撃される原因も違います。

## 弱い＝反撃が怖くない

あなたが「いつも」攻撃される理由は２つです。

**①相手が、あなたのことを「弱い」と見なしている**

**②相手が、あなたのことを「有害」と見なしている**

ひとつずつ説明していきましょう。

まず、相手が、あなたのことを「弱い」と見なしているというのは、あなたという人そのものが、本当に弱いというわけではありません。

**相手から見て、あなたは、攻撃しても差し支えないくらい「弱く見えている」ということです**。つまり、相手から見て常に「反撃が怖くない」という意味です。

自分がどれだけ攻撃しても、こいつは反撃してこないだろう、とか、あるいは、攻撃してきても、反撃能力が弱そうだから怖くない。だから、こいつを攻撃しても、自分には損はないはずだ。

そういう意味で、あなたを「弱い」と見なしているわけです。

**つまり、あなたを軽んじ、侮っているわけです。**

## 「何を有害と感じるか」は人それぞれ

では次の「有害」と見なしているというのは、どういうことでしょうか。
これも、先ほどの「弱いと見なしている」と同じで、あなたという人そのものが、有害な人間だというわけではありません。

**いつもあなたを攻撃してくる人が、あなたのことを、自分にとって「個人的に」有害だと認識しているだけです。**

ここで言う「有害」の意味は広いです。
たとえば、世の中には物事を白黒ハッキリつけないと落ち着かない「曖昧なこと」に耐えられない人がいます。

本来、人生というのは本質的に曖昧で、すべてを白黒ハッキリできるわけではありません。でも、曖昧なことに耐えられない人から見ると、物事を曖昧なままにしている人のほうが「有害」な人に見えて、イライラするわけです。

または、自分とは違う価値観や、違う意見を持っている人のことを、「有害だ！」と感じ、腹を立てる人もいます。自分にはできないことをやっている人を見て、その羨ましさが悔しさになり、それが攻撃欲になる場合もあります。

あるいは、自分とは違う異質な存在を「有害だ」と見なす「差別」のようなケースもあるし、有能な部下を自分の立場を脅かす脅威に感じ、いじめに走るダメ上司もいます。

その場合も、上司の目線から見ると、この部下は自分にとって「有害」なわけです。

このように、世の中には、不条理な理由で相手のことを「自分にとって有害だ！」と見なす人は少なくありません。

でも、多くの人は相手に対して「有害だ！」という気持ちが湧いたとしても、実際の攻撃に移すほどの攻撃欲が湧くことはありません。

**実際の攻撃に移すのは、たいていの場合、「もともと攻撃欲の強い人」が、相手のことを「弱い」と見なした場合です。**

## 八つ当たりしていることを絶対に認められない理由とは？

もともと攻撃欲の強い人は強い（つまり反撃能力がある）相手に対しては、攻撃欲が湧きません。相手を「弱い」と見ているからこそ、安心して攻撃できるのです。

自分が八つ当たりしているとも、劣等感を隠すためとも認めたくないので、**「こいつが『有害』だから正当に攻撃しているだけだ」**と、相手に対する攻撃を正当化することで、自分と向き合わずに済むわけです。

**つまり、もともと 攻撃欲の強い人というのは、あなたのことを「弱い」と見なした時点で、同時にあなたの「有害性」もでっち上げます。**

あなたのことを、「弱い」と思えば思うほど、あなたのことが怖くなくなるから、あなたのことをどんどん「有害」扱いして、実際の攻撃に移すことができるわけです。

## 媚びれば媚びるほど攻撃は強くなる

**そのように相手から「弱い」という印象を持たれながら、同時に「有害」な存在にもなってしまう典型は、「媚びる人」です。**

あなたが誰かから、いつも攻撃されるようになったら、「媚びる」という行為は絶対にやってはいけません。

なぜなら、「媚びる」というのは「私はこんなに弱いから、優しくして！」という、相手に対する要求です。

**それは「攻撃欲の強い人」から見ると、逆に「弱いくせに『優しくしろ』という、分不相応の要求をしてきている」と解釈されます。**

つまり、「有害である」と。

**したがって、あなたが媚びれば媚びるほど、相手から見た、あなたの印象はより「弱く」なり、同時に、より「有害」にもなります。そしてそれが、攻撃の原因になるわけです。**

## 攻撃の原因は気にしなくていい

このように、「いつも攻撃する人」が相手に対して持つ「有害だ」という印象は多くの場合、非常に理不尽な形ででっち上げられているのですが、でも、場合によっては、あなたが自分でも気づかないうちに、実際に、相手が嫌がることをやってしまっている場合もあります。

たとえばあなた自身が気づいていないだけで、つい余計なひと言を言ってしまっていたり、知らず知らずのうちに相手を責める口調になっていたり、上から目線で指示をしてしまっていたり、相手が我慢していることを目の前で平気でやってしまっているのかもしれません。それによって、相手が腹を立てている可能性もあります。

そうなると、それは相手にとっては「有害」ですね。

ただ、今ここでは、あなた自身が本当に「有害」であるのかどうか、厳密な判断は気にしなくても大丈夫です。

**とにかく、あなたが「いつも」攻撃される理由は、相手から「弱い」と見なされているか、「有害」と見なされているか、あるいは、その両方です。**

**だから、あなたのその印象を「弱くない」「有害ではない」に変えれば、攻撃はなくなります。**

ただ、それだけのことです。シンプルに考えてください。

解決方法については、1章から紹介する8つのステップで具体的な方法を解説していきます。

極意2

# 「いつもあなたを攻撃する人」には2段階ある

いつも攻撃してくる人は**「攻撃欲が強いタイプ」**と**「攻撃欲が強く、なおかつ支配欲も強いタイプ」**の2種類に分かれます。

まず「攻撃欲が強いタイプ」は、言ってみれば単なる八つ当たり型です。極意1でも紹介したような、嫉妬心や子どもじみた甘え、説明のつかない不快感、差別意識などによって、ただムカつくから攻撃するタイプです。

あなたを「有害」と見なし、自分を被害者に仕立て上げるという卑劣な転換が起こってはいますが、次章からお話ししていくメソッドのSTEP1からSTEP6までを実践すれば、数ヶ月〜半年ほどで攻撃は止んでいくでしょう。

## 厄介なのは支配欲の強いタイプ

一方、「攻撃欲が強く、なおかつ支配欲も強いタイプ」というのは、攻撃欲が強いだけのタイプより、ちょっと厄介です。

このタイプがいつも攻撃してくるのは、単に、あなたの弱さに乗じて怒りを発散させたいからではなく、**攻撃によってあなたを支配下に置きたいからです。**

その背後には、**じつは、あなたがいなくなることへの恐怖があります。**攻撃しておきながら、いなくなるのが怖いという、その人の中にはあなたに対して一見、矛盾した感情が渦巻いているのです。

## 支配欲の原因は自分に自信がないこと

そもそも「この人はずっと側にいてくれる」と思うことができていれば、強引に相手を支配しようとはしません。

つまり、攻撃することで支配下に置こうとするのは、あなたがいつ去ってしまうかしれないと恐れているから。**もっと言えば、「自分は、誰かにずっと一緒にいてもらえるような存在ではない」と、心のどこかで思っているからです。**

「攻撃欲が強く、なおかつ支配欲が強いタイプ」の多くは、根源的な自信、自己肯定感が薄いと言ってもいいでしょう。

## 相手のタイプがどちらかで対処法も変わる

このように聞くと相手のことを「かわいそう」と思ってしまうかもしれませんが、だからといって、あなたが攻撃され続けていい理由は、どこにもありません。

まずは次章から説明していくSTEP1〜6を、しっかり実践してください。

STEP1〜3はメソッドの土台となる、いわば基礎編です。続くSTEP4〜6はさらにメソッドを深めるための上級編です。

数ヶ月から半年ほど続けても、あまり状況が変わらなければ、相手が「攻撃欲が強く、なおかつ支配欲も強いタイプ」であると考えられます。

その場合、基本的な対処法は同じですが、少し強度を高める必要があります。STEP1～6の強めバージョンとして、STEP7～8も併せて実践してください。

極意3

# 「相手から見て、どういう存在か」ですべてが決まる

次章から説明していく8つのステップは**「弱く、有害な存在」と見なされているあなたが、相手と戦わずして、攻撃を止めさせる方法です。**

あなたをいつも攻撃してくるのは、上司でしょうか、夫でしょうか。あるいは友人関係にある人でしょうか。いずれにしても、ある程度、近しい存在であるはずです。

本来ならば信頼関係や優しさで結ばれるはずの相手から、いつも攻撃されるようになってしまい、あなたは深く傷ついていることでしょう。近しい存在であるだけに、相手に自分を理解してほしいという思いも強いかもしれません。

**しかし、あなたが「いつも」攻撃されているのだとしたら、その相手に、いかに理解を求めても、功を奏することはないと思います。**

**なぜかというと、「いつも攻撃する・される」という関係性は、すでに「理解されるかどうか」というロジックから外れてしまっているからです。**

繰り返しになりますが、あなたが「いつも」攻撃されるのは、あなたという人が「弱い」「有害」と見なされているからです。

つまり、**相手はあなたの言うことを理解できないのではなくて、「弱いあなた」を理解する必要はないし「有害なあなた」を理解したくはないわけです。**

理不尽な話ですが、いわば「攻撃ありきの関係性」になってしまっているのです。

その中で理解を求めるという行為は、相手からすれば有害性の表れとなり、また新たな攻撃の理由を与えてしまうことにもなりかねません。

## 「理解されたい」気持ちを手放す

考え方を変えましょう。

あなたが「いつも」攻撃されている場合、**「どう理解を求めるのか」**ではなく、**「相手から見て、あなたがどういう存在と映るか」**で、**すべてが決まります。**

いつも攻撃されているという状況を変えたいのなら、「理解されたい」「どうしたら理解してもらえるのか」という発想から、一旦離れてください。

**今、一番大切なのは、相手にとってあなたが「いつも攻撃していい存在」でなくなることです。**

それは、相手から「弱くも有害でもない存在」と見なされるようになる、ということであり、そうなれば攻撃は止むわけです。

そのように持っていくために、このメソッドがあると考えてください。

## 攻撃をかわすのに大切なのは戦わないこと

本書でお伝えしていくのは、相手と戦う方法でも、相手を打ち負かす方法でもありません。あるいは相手の攻撃がピタリと止む「魔法のひと言」でもありません。

**「相手に自分がどう映るか」を変えていくことで、「相手の攻撃欲を徐々に萎えさせていく」という方法です。**

相手からすれば、弱くて有害であったはずのあなたが、弱くも有害でもなくなっていき、そのために、もはや攻撃する理由を見失い、攻撃する気力が萎えていく——という現象を、あなた自身が意図的に、戦略的に起こしていくということです。

もとより、日常的にひどい攻撃に耐え、相手から侮られてきたあなたは、戦うことが苦手なのでしょう。

でも安心してください。これから実践していただくのは、そんなあなたが、戦わずして攻撃を止めさせることができる方法なのです。

極意4

# まずは平和を作ろう

ラブ・アンド・ピース─愛と平和は常にセットで考えられている節がありますが、まず優先されるべきは平和です。

国際関係でも、二国間に平和がなければ互いの国民を愛せません。第一に戦争を回避することが重要であり、平和という状態が作られて初めて、相手国への愛情という感情が芽生えてくるのが正常なのです。

「平和ではないけど愛している」「平和ではないけど愛されたい」というのは、どう考えても異常事態でしょう。

そんな、どう考えても異常な事態が生じているのが、じつは「いつも攻撃する・される」という人間関係です。

いつも夫に攻撃されているのに、それでも妻は「夫を愛しているし、夫に愛されたい」と言う。

いつも上司に攻撃されているのに、部下は「上司を尊敬しているし、上司に認められたい」と言う。

はたから見れば不条理きわまりないのですが、いつも攻撃されている人には、こうした心理が働きがちです。あなたにも覚えがあるのではないでしょうか。

とはいえ、このような「平和ではないけど愛しているし、愛されたい」という異常事態が続いたら、誰だって、いずれ心身が壊れてしまいます。**ならば、ひとまず「愛」は脇に置いて、「平和」を作ろうというのが私のお伝えしている考え方です。**

## あなたの相手は「話せばわかる」人ではない

世の中には、最初から愛と平和が両立した幸せな関係を築いている人も、たくさんいます。

誰だって、本当はそうしたかったはず。気持ちは痛いほどわかりますが、でも現状として、あなたはいつも攻撃されているわけです。

愛情を優先させようとし続けた結果が、現状につながっていると言ってもいいでしょう。

それは悲しいことですが、いつも攻撃されている時点で、その相手に愛情を求めても事態は好転しません。まずは心身の安全のために平和を作っていきましょう。

## 攻撃がなくなればラクに生きられる

先ほど説明したように、感情は状態についてくるものです。

ですから、攻撃が止み、平和が訪れたあかつきには、ひょっとしたら、愛情もついてくるかもしれません。もちろん、無事平和になっても愛情がついてこない可能性もあります。これはもともとの相手との相性にもよるでしょう。

**それでも、いつも攻撃されている今の状態がなくなれば、今よりずっとラクに生きられるのは間違いありません。**

平和という正常な暮らしの土台ができたら、急に人生の見通しがよくなり、自分のやりたいことができるようになるケースもたくさん見られます。

誰もが、愛と平和の両方を得られるわけではありません。

時には愛か平和か、どちらかを取らなくてはいけない場合もある。

**そして、残念ながら攻撃のターゲットになってしまったら、まず迷わず愛より平和を取ってください。**

そうすることが、何より大切なあなた自身の人生を守ることにつながります。

# お手本を見つけて真似してみる

これから説明していく8つのステップでは「何をするのか」という行動の指針を、各ステップごとに詳細にお伝えしていきます。書かれたまま実践すれば、相手の攻撃欲が確実に萎えていくように作られています。

一つひとつの指針が細かいため、全体をまとめる人物的なイメージがあると、よりスムーズに実践できるでしょう。

親戚や職場などのまわりの人、あるいは芸能人や、ドラマの登場人物でもかまいません。

**誰か「とうてい、攻撃されなさそうな人」を探してイメージしてください。**

実際の姿はどうなのか、実在するかどうかは関係ありません。大事なのは今もいったように、「攻撃されなさそう」というイメージです。

## 要注意！　攻撃されない人＝強そうな人ではない

といっても、バリバリに強そうな人物はおすすめできません。ここは誤解する人が多いポイントなのですが、強そうに見せることで、かえって相手に攻撃的な印象を与える懸念があります。

そうなると逆効果で、相手の攻撃が強まる危険があるため、注意してください。

キーワードは、**「無表情」「穏やか」「感情の起伏がない」**……などですが、一つひとつのステップを追うごとに、ふさわしいお手本のイメージは固まっていくでしょう。

お手本が見つかったら、その都度、頭で「こういうときは、こうするんだった」と考えるのではなく、「あの人だったらどうするか」と、お手本が行動している映像を思い浮かべて、行動してみてください。

**本書のメソッドは、「相手から見て、自分がどう映るか」を変えていくというものです。**いわば相手の目に映る自分のキャラクターを変えていくのです。

そういう意味でも、お手本となる人物の行動を映像化し、そのように行動するというのは効果的です。お手本としている人物を「演じる」ことで自然と相手の目に映る自分をキャラ変していけるというわけです。

まず頭で理解し、それを感覚にまで落とし込むことで、自然と行動に移せるようになっていただければと思います。

極意6

# すべての変化は可能なかぎりゆっくり徐々に起こしていく

相手が、いつもあなたを攻撃するのは、あなたのことを「弱く、有害な存在」と見なし、そのために「いつも攻撃していい存在」と認定しているからです。

だからこそ、攻撃を止めさせるには、相手の中のあなたのキャラ設定を変えていく必要があるわけですが、ここでひとつ、注意していただきたいことがあります。

**どの変化も急激に起こさないでください。**

**成功のカギは、すべての変化を可能なかぎりゆっくり、徐々に起こしていくことです。**

よくテレビのクイズ番組で、徐々に画面の一部分が変わっていくという問題があるのをご存知でしょうか。変化がゆっくりすぎて気づかない、というのがキモです。すべての変化を可能なかぎりゆっくり、徐々に起こしていくというのは、それに似ています。相手が違和感を抱かないくらい、本当に少しずつ変えていくのです。

## 急激に変化を起こすと逆効果になる

なぜ「可能なかぎりゆっくり、徐々に」が成功のカギになるかというと、急激な変化が、相手に有害性と見なされる危険が大きいからです。

**繰り返しになりますが、相手があなたのことを「いつも攻撃していい存在」と認定しているのは、あなたを「弱く、有害な存在」と見なしているからです。**

攻撃しても反撃してこないだろうし、反撃してきても怖くないとタカをくっているのです。

それなのに、あなたが急激に変わると、その変化自体が、相手には、まるで反撃のノロシが上がったかのように見えます。

「弱いやつが反撃してきた」「自分は悪くないのに」というわけです。こうして、また相手は自分を被害者に仕立て上げ、攻撃を強める格好の理由を得てしまうのです。

ひょっとしたら相手への憎悪が強まっている人もいるかもしれません。

でも、極意4でも述べたように、まずあなたがやるべきは平和を作ることです。

これから説明するメソッドは、相手と戦うためのものでも、打ち負かすためのものでもありません。

**戦わずして状況を変えるには、ひとまず相手に対する感情はシャットアウトしてください。**

そして、あくまでも相手の出方を見つつ、可能な限りゆっくり、徐々に変化を起こしていく。こうして相手の中のあなたのキャラ設定を、じわじわと変えていった結果、いつの間にやら相手の攻撃欲が萎えてしまっていた……というのが本書で目指していただきたいゴールなのです。

では、お待たせしました。次のページからいよいよ具体的なステップを紹介します。

# 第1章

# もうガマンしない！「攻撃」がなくなる3つの心得

# 「悪人」として相手に接する

## 「悪人」になりきれば傷つかない

いつも攻撃してくる人に対処していくうえで、まず意識していただきたいのは「悪人」として相手と接することです。

と言っても悪人のようなことをするのではありません。

そうではなく「『悪人』として相手に接する」ということ。つまり悪人の意識を内側に秘めながら、相手に接するということです。

**序章で説明したように、いつも攻撃してくる人は、あなたのことを「弱い」もしく**

**は「有害」と見なして攻撃しています。**

攻撃する理由は、常に「おまえが悪い」です。そんな相手の勝手な主観によって、あなたは、日々、傷つく羽目になっているわけです。

しかし、ここでちょっと振り返ってみていただきたいのですが、そもそも「おまえが悪い」と言われて、あなたはなぜ傷つくのでしょうか。

## まずは「いい人」を止めて「悪人」になる

激しい口調で責められ、精神的苦痛を受けた。もちろん、それもあると思いますが、その根底に「自分が至らないせいだ」という思いがあるからではないでしょうか。

さらに言うと、「自分が至らない」ことを責められて傷つくのは、あなたの中に「きちんとした人でないといけない」という考えがあるからです。

それゆえに「おまえが悪い」と責められると、至らない自分が悪いのだと思ってしまい、その結果、自分を責めて傷ついてしまうのです。

ですので、まずは「自分がきちんとした人、いい人でないといけない」という思いを外してください。

つまり「自分はいい人なんかではない」「自分には悪人的な一面もあって当然なんだ」という意識を持つことで、むやみに傷つくことはなくなります。

## 「悪人」になりきれば、罪悪感も生じない

悪人になるのは、単にいい人としての意識を外し、傷つかなくなるためだけではありません。

**今後すべてのステップを、「悪人として接する」という意識で実践することが、じつは、いつも攻撃されている状況を平和へと変えていく重要なカギとなるのです。**

あなたのことを「弱い」もしくは「有害」と見なし、何かしら理由をでっち上げて攻撃するという相手のやり口は、じつに巧妙です。でも本人は、ほぼ無自覚でやっています。ロジカルに話して、止めてもらおうと思っても通じません。

**だからこそ、「わかってもらおうとする」のではなく、「相手にとって、弱くも有害でもなく見えるように持っていく」必要があります。**

では、そのように持っていくことと、「悪人として接する」というのは、どう関係するのでしょうか。

**今後、相手と関わる中で、あなたに必要なのは「平和を作りたい」という思いだけです。それ以外の感情は、すべて邪魔になります。**

これは何も感情をなくせということではなく、感情を見せることが、平和構築の妨げになるのです。

平和を作っていくというのは、例えるならば有能な外交官が任務を遂行するようなものです。感情的にならずに、ごく冷静で冷徹な心でステップを踏んでいく必要があります。

しかも、どのステップも、本来であれば、身近な人間に対する態度や行動としては、およそ誠実でも親切でもないものばかりです。

その都度、罪悪感を抱きそうになるかもしれませんが、とにかく冷静かつ冷徹に遂行していくこと。そこで効果的なのが、「悪人」として相手に接するというマインドなのです。

**相手に対して悪人のマインドを持って行動すれば、「こんな対応をして悪いな、かわいそうだな」と思うこともありません。**

さらに、追い追い説明していくように、すべてのステップを悪人の意識で実践すると、何を考えているのかわからない「不気味な怖さ」を相手に感じさせることができるようになっています。これこそが、本書で提唱している戦わずして勝つ方法です。

**「悪人」は本書のメソッド全体を通じたキーワードです。**

すべてのステップで「悪人の意識を持って行う」というのを貫いてください。その効果と重要性は、ステップを追うごとにより深く理解していけるでしょう。

## 悪人になるのは「心」だけ

悪人として接するといっても、悪人のようなことをするわけではない、と言いました。

**あくまでも「悪人として接する」のであって、悪人のようなことをするわけではありません。**

また、悪人のような雰囲気を出すということでもありません。

相手に見える行動や態度ではなく、自分の心の中でだけ悪人になるのです。

そもそも悪人として相手に接する目的は、傷つきやすさを排するためであり、さらに今後のステップを罪悪感なく遂行していくためです。

自分を守りながら、相手の攻撃欲を萎えさせるメソッドを最後までやり抜くために、悪人の心を持つ必要があるということです。

それを取り違えて、もし本当の悪人のようなことをしたら、どうなるでしょう。

たとえば、夫の嫌いなものを夕飯に出す、洗濯物を何日も放置する、上司や同僚にツンケンした態度を取る……。

その瞬間は「ついに、やってやった！」とスカッとするかもしれません。

**でも、こうした行動や態度によって、相手の目に映るあなたの有害性は倍増します。**それこそ正々堂々と攻撃する理由を与えることになるため、まったくの逆効果となってしまうのです。

私がカウンセリングで指導する方の中にも、「悪人として相手と接してください」と伝えると、急に勢いを得て「さあ、あいつにどんなひどいことをしてやろうか」と言わんばかりに意気込んでしまう方も少なくありません。

そんな勘違いに陥り、さらなる窮地に自分を追い込んでしまわないよう、「心だけ悪人になるんだ」と、自分自身に言い聞かせてください。特に、このメソッドに慣れない最初のうちは重要です。

## エレガント、ダンディを意識する

「悪人として接する」というのは、相手の目に映るあなたが「弱くも有害でもないキャラ」に変わっていくのに欠かせない、重要な心の土台となります。

相手の前で何をするにも、何を言うにも、悪人として接する。それほど徹底する必要があるので、やはり感覚的に理解しておくと、より実践しやすいでしょう。

女性なら「エレガントな悪人」、男性なら「ダンディな悪人」をイメージするといいかもしれません。

エレガントな人やダンディな人を思い浮かべてみてください。人それぞれイメージは違うかもしれませんが、少なくとも、弱くも有害でもないでしょう。

敵対的な行動も態度も見せず、対応は常に丁寧で付け入るスキがない。

かといって誰にも従属的ではなく、自分をしっかり持っている。

感情をあらわにしないため、本当は何を感じ、考えているのかつかみづらい。

これらは、本書のメソッドを通じて状況を変え、平和を得るために、あなたに目指していただきたい人物像です。

悪人としての意識を内に秘めながらも、表面上は丁寧で穏やか。だからこそ本当は何を考えているのかわからず、「底知れぬ強さ」や「不気味な怖さ」が醸し出され、攻撃欲を萎えさせる、という感じです。

そんな人物像を一つのイメージに落とし込むとしたら、女性なら「エレガントな悪人」、男性なら「ダンディな悪人」というのが、一番しっくりくる気がするのです。

今はまだ理解しにくいかもしれませんね。

各ステップを知るにつれて感覚がつかめていくはずなので、「優雅」「ダンディ」というキーワードを頭の片隅において読み進めてもらえればと思います。

## 「自分を守るために悪人になる」と自覚する

STEP2以降、あなたには、およそ人として誠実でも親切でもないことをしていただきます。

たとえば、相手に無関心になる、反応を減らす、言葉を減らす、距離を取る……これらはすべて、健全な人間関係のなかでは、あるまじきことと言っていいでしょう。いい人であればあるほど、強い抵抗を感じてしまうかもしれません。

**要するに、それくらいのことをしなくてはいけないほど、あなたの置かれている状況は異常ということです。**

残念なことですが、いつも攻撃されている時点で、健全な人間関係にあるような行動や態度は通用しません。

**あるまじきことをしているのは相手なのですから、あなたのほうも、あるまじきことをしなくては、状況は変わらないのです。**

だから悪人として接する必要があるわけですが、それは、常に「自分を守るために、あえて不誠実なことをしているんだ」と自覚する、ということでもあります。

感情を隠す、反応を減らす、言葉を減らすといったことは、対処の方向性としてはプラスではなくマイナスです。何かを「する」のではなく、「しない」ようにしていくということです。

なぜそうなっているかというと、**戦うセンスのない人が、戦わずして状況を変えていくには、こうした消極的な方法を取る以外にないからです。**

ところが、そこに「自分を守るために不誠実なことをしている」という自覚がないと、ちょっとおかしなことになっていきます。

単に消極的な行動を取っているだけになり、すると「人として正しくない」という点に、たちまち罪悪感が生じてきます。そこから、かえって、さらなる「弱さ」が醸し出されかねないのです。

これから、敵対的な行動や態度は見せずに、ただし実際には、非常に不誠実なことをやっていきます。

たしかに、人として正しいことではありません。

でも、異常な状況を変えるために必要だからやるのです。**「人として正しいかどう**

**か」ではなく、「自分を守るために必要なことは、すべて正しい」**のです。

ある種の「仕事」と考えてもらってもいいかもしれません。愛より平和を作っていくために、あなたが自分自身のために行う仕事です。

そして遂行すべき仕事である以上は、不誠実なことでも自覚的に行い、状況をコントロールしていく必要があるというわけです。

## 「結局、自分はどうしたいのか」を常に考える

私のところに相談に来られる方の中には、「どうしたら夫をギャフンと言わせられますか？」などと聞く方もいます。もしかしたら、あなたも心のどこかでそう思っているかもしれません。

**憎悪を抱き、一矢報いてやりたい。その気持ちは理解できますが、どうか、それを人生の目的にはしないでください。**

そもそも私のメソッドでは、相手を苦しめることはできません。少しずつあなたが変わることで、相手の攻撃欲を萎えさせるためのメソッドだからです。

では、相手の攻撃欲を萎えさせることが、人生の目的なのでしょうか。そうではないですよね。

今、あなたが置かれている状況を、もう一度、冷静に考えてみましょう。

いつもある人から一方的に攻撃されている状況です。

そして、その状況を変えるために、悪人の意識を持って、これから説明していくステップを踏まなくてはいけません。

つまり、本当ならしなくてもよかったようなことを、これからしていかなくてはいけないわけです。それを人生の目的とし、生きがいすら感じてしまったら、一番大切なあなた自身の人生は、いったい何なのかということになってしまいます。

## 目的は自分の人生を取り戻すこと

**これからメソッドを実践していくのは、自分の人生を取り戻すためです。**

相手の攻撃欲を萎えさせ、常に攻撃されているという状況を変えることで、再び本来の自分の人生を生きられるようにするためなのです。

ですから、メソッドを実践しながらも「結局、自分はどうしたいのか？」ということを、常に考えてください。

状況を変えることではなく、その先にある人生に、自分のまなざしの照準を合わせるということです。目の前の状況に対処しながらも、少しだけ遠くの未来を見ているイメージです。

本書のメソッドは、あなたが自分の人生を生きるのに必要な、最低限の状況を作るものにすぎません。これは人生の目的ではなく手段であり、すべてを遂行し終えて状況が変わった後に、ようやく、あなたた本来の人生が始まるのです、

悪人になることの意義について、理解していただけたでしょうか。

では、STEP2に進みます。

# 相手に無関心になる

## 鳴かぬなら、それはそういうホトトギス

あなたは誰から、いつも攻撃されているのでしょう。夫でしょうか、上司でしょうか、それとも友人でしょうか。

いずれにせよ、あなたの中には、何かしら相手に対する期待があるはずです。

「夫は妻に優しくするものだ」

「上司は愛情を持って部下を指導するものだ」

「友人同士は、気遣いあうものだ」

ただの人間が夫や上司や友人となったとたんに、その属性に対する先入観が働き、そこから期待が生まれるのです。

覚悟は必要ですが、一度は腹を割って対話を試み、健全な関係を築きたいことを相手に伝えてみるのもいいでしょう。それで攻撃が止めば、このメソッドは必要ありません。

でも、あなたの言葉が何ひとつ相手に響かないとしたら、それはもう、「そういうこと」なのです。**「そもそも私の言葉が響くような人ではない」という前提で関わっていかなくては、状況を変えるのは難しいということです。**

戦国武将の特徴を表現した有名なたとえがありますよね。

「鳴かぬなら、殺してしまえホトトギス」は織田信長、「鳴かぬなら、鳴かせてみせようホトトギス」は豊臣秀吉、「鳴かぬなら、鳴くまで待とうホトトギス」は徳川家康です。

それを言うなら、今のあなたに必要なのは「鳴かぬなら、それはそういうホトトギス」という意識です。

**いつも攻撃されているという現実から、目をそらさないでください。**

すでにあなたの期待は裏切られており、あなたの言葉が響く気配もない。だとしたら、あなたの働きかけによって相手が変わることは、おそらく永遠にないでしょう。

**ならば、相手を変えようとせずに、状況を変えていかなくてはなりません。**

そのために、妻として、部下として、あるいは友人として相手に抱く期待は、いったん切り離す必要があるのです。相手は変わらないという前提で、状況を変えるための行動を取っていくということです。

鳴かないホトトギスを無理して鳴かせようとしない。かといって「いつか期待に応えてくれる」なんて待つこともしない。ただ「そういうホトトギスなんだ」「そういう人なんだ」という達観した意識で、相手と関わっていきましょう。

## 「憎悪」「承認欲求」「罪悪感」が邪魔になる

いつも攻撃されているという状況を変えるうえで、あなたの感情はすべて邪魔です。

こう言うと抵抗を感じる人が多いと思いますが、あなたの感情を見せることが、相手にとっては、弱さや有害性のアピールになってしまうのです。

**中でも多くの人が抱きがちであり、なおかつ邪魔になるのは、「憎悪」「承認欲求」「罪悪感」の3つです。**

いつも攻撃されれば、誰だって傷つきます。

その原因を作っている相手に憎悪を募らせるのは、人として自然な感情といっていいでしょう。

**また、攻撃されることで承認欲求が強まるというのも、よくあることです。**

相手は攻撃する正当性を得るために、あなたの弱みを巧みに突いてきます。その術中にはまると、自分がまるで無能な人間のように感じられ、もっとできるようになって認められたいと思ってしまうのです。

**3つめの罪悪感は、承認欲求と似ています。**相手は、自分が悪者にならないような理由をでっち上げて、あなたを攻撃します。

そこで「こんなに怒らせてしまった自分が悪い」と思わされてしまうのです。

きっとどれも身に覚えのある感情だと思いますが、この3つこそ、じつは平和を作っていくプロセスを妨げる三大感情といえます。


以前に「平和を作っていくのは、仕事のようなものだ」とお話ししました。

平和構築を試みようというときに、相手国の外交官に対して、「憎い」「認められたい」「自分が悪い」なんて感情を抱いていたら、まったく仕事になりません。

平和を作っていくには、やはり有能な外交官のような、冷静かつ冷徹な仕事意識が欠かせないというわけです。

## 「我慢」ではなく「無関心」になる

ただ、ここでひとつ勘違いしてほしくないことがあります。

「感情が邪魔になる＝これらの感情を我慢すべき」ということではありません。

**必要なのは「我慢」ではなく「無関心」です。**

邪魔になる感情を我慢するのではなく、邪魔になる感情が生じなくていいように、相手に無関心になる必要がある、ということなのです。

**そもそも、憎悪も承認欲求も罪悪感も、相手に大きな関心があるから生まれるものです。**

関心があるから憎いし、関心があるから認められたい、そして関心があるから罪の意識を感じてしまう。これらの「発生源」ともいえる関心そのものをなくしてしまえば、平和を作るプロセスは妨げられません。

## 無関心とは相手の存在に心底「冷める」こと

しかし、無関心になるのは、相手の存在に対してだけです。

相手の攻撃に対する関心まで失ってしまうと、それこそ、無感情になって我慢する羽目になってしまいます。さらに攻撃を許すという、まったく正反対の結果を招いてしまうでしょう。

少し突飛な例になりますが、軽トラックを思い浮かべてみてください。おそらくあなたは、軽トラに関心はありませんよね。でも、軽トラが自分に向かって突っ込んできたら、もちろん無関心ではいられないでしょう。

相手の存在に無関心になっても、相手の攻撃には無関心にならない、というのは、こういうことです。

**相手のことは、はっきり言ってどうでもいい。けれど、相手が自分に実害を及ぼす部分には、冷静に冷徹に対処していく。**そういう意識をもつことで、スムーズに平和が作られていくのです。

言い換えれば、これは相手の存在に、心底「冷める」ということです。

相談者の方に「ご主人に無関心になってください」と言うと、よく「もう無関心ですよ」と返ってくることがあります。ところが、その後に「いつ死んでもいいと思ってますから」なんて言葉が続く場合も少なくありません。

「いつ死のうが、100歳まで生きようが、どうでもいい」と言うのなら無関心ですが、「いつ死んでもいい」は、非常に強い憎悪の表れです。無関心どころか、おそらく一般的な夫婦関係以上に、関心があるということです。

無関心とは、相手の存在に心底、冷めることだと考えれば、こうした勘違いにも陥らずに済むでしょう。

すると、相手との関係の中で揺れ動く感情が、次第になくなっていきます。

あなたの感情が、すべてなくなっていくということではありません。いつも攻撃してくる人に対する感情だけがなくなり、その状態で後のステップを実践するうちに、自分本来の人生を生きるための平和が作られていきます。

## 「なんとなく怖い」が一番怖い

何事も、原因と結果を把握しないと、うまく対処できません。

いつも攻撃してくる人も同じで、自分がどれだけのことをしたら、あるいはしなかったら、どれくらい攻撃されるのかを把握しておくことも大切です。

つまり相手の存在には無関心で冷めていても、相手の攻撃には関心を持って、よくよく観察してみるということです。

私のところに相談に来られる方は、よく「なんとなく怖いんです」といいます。
要するに、自分の行動や態度と、相手の攻撃の因果関係がわかっていないから、「なんとなく怖い」のです。

じつはこれが一番怖くて、怖いがゆえに選択肢がもっとも少ない状況です。地雷がどこに埋まっているかわからなければ身動きがとれない、それと同じことです。
でも、「これぐらいの状態で、これぐらい攻撃される」とわかっていれば、自分の行動や態度の選択肢が増えます。

**つまり、因果関係を理解することが大事と言っているのは、「これくらいなら大丈夫」というふうに、選択肢の幅を広げるためです。**

決して因果の「因」を止めるためではありません。
これから、相手の存在には心底、冷めながら、相手の攻撃欲を萎えさせるステップを踏んでいきます。

事細かに行動や態度の指針をお伝えしていきますが、なにぶんにも人間同士のことですから、相手の出方を伺い、強弱を調整しながら実践していく必要があります。

そのため、まずここで、自分の行動や態度と相手の攻撃の因果関係を把握しておくことが、より滞りなくステップを踏んでいくカギになるのです。

## 「人間性」ではなく「関わり方」を変える

人間関係とは、それぞれ異なる人間性をもつ人同士が関わることです。

当たり前の話ですが、じつは、多くの人が混同していると思われる点があります。

それは、人は人間性をもって人と関わっているのではなく、単に言葉や態度をもって人と関わっている、という点です。

「人間性＝関わり方」ではなく、この2つは明確に分けて考えるべきなのです。

いつも攻撃を受けている状況を変えるには、特にこの考え方が重要です。

あなたは、相手から攻撃されるたびに、自分の人間性が否定されていると感じていませんか？

**でも本当は、相手の怒りの矛先は、あなたの関わり方に向かっています。**

関わり方には人間性が表れるから、関わり方の否定は人間性の否定と同じだ。そう思うかもしれませんが、それは違います。

## 本当の人間性は誰にもわからない

**なぜなら、あなたの人間性は、本当は誰にもわからないからです。**

人間性は、あなたの中にしかないものであり、表に出ているのは、あくまでも言葉や態度といった関わり方だけだからです。

時には、人間性を否定するようなことを言われることもあるでしょう。でも、それすらも、相手があなたの関わり方から勝手に人間性を推測して、責めているだけです。厳密に言えば、やはり責めているのは関わり方なのです。

これがどういうことか、わかるでしょうか。

まず言えるのは、どれほどひどい攻撃を受けても、あなたの人間性はちっとも傷つく必要はありません。そして、相手の攻撃を止めるために、あなたの人間性を変える必要は、まったくないということです。

**これからやっていくのは、人間性は隠して、相手との関わり方だけを攻撃されないようなものに変えていく、というだけのこと。**

このプロセスの中で、あなたの人格は丸ごと守られるのです。

## 「関わり方」と「攻撃欲」で不幸なマッチングが生まれる

「攻撃されるのは、あなたが攻撃されるような人間性だからであり、攻撃を止めさせるには人間性を変えなくてはいけない」と言われたら、かなり大変でしょう。大変どころか、人間性を変えるなんて、おそらく無理だと思います。

ただ、**「人間性は隠しながら、関わり方を変えればいいだけだ」**と言われたらどうでしょう。グンと実践しやすく感じられるのではないでしょうか。

いつも攻撃されるのは、あなたが悪いからではありません。相手の怒りは、あなたの人間性とは、本当はいっさい関係ありません。

ただ、あなたの関わり方が、攻撃欲の強い相手に「攻撃してもいい人だ」と思わせるようなものになっているだけなのです。

**今のあなたの状態は、あなたの関わり方と、相手の攻撃欲との不幸なマッチングによって、そんな理不尽な状況が起こってしまっているにすぎません。**

このことが理解できると、相手を変えようとせずに、状況を変えるというビジョンも、さらによく見えてくるはずです。

人間性はそれぞれのものであり、交差するのは関わり方の部分だけです。ということは、自分の関わり方を変えると、必然的に相手の関わり方にも影響が及びます。

まとめると、次のようなイメージです。

- 人間性――自分の人間性は守る（隠す）／相手の人間性には無関心になる（冷める）
- 関わり方――「弱い」「有害」と見なされないような関わり方に変えていく
- 結果――相手にとって、あなたは「（敵対的ではなく）底知れぬ強さを秘めた存在」

「無害な存在」となり、相手の攻撃欲が萎えていく（結果的に相手の関わり方も変わっていく）

ご覧の通り、あなたの人間性にも相手の人間性にも、指一本、触れていません。相手の関わり方にも、何も働きかけていません。

ただ、自分の相手への関わり方を変えるだけ。それでも、関係性は大きく変わり、平和が作られていくのです。

## こうして相手の攻撃欲は萎えていく

繰り返しになりますが、相手は、あなたの関わり方から、あなたのことを「弱い」「有害」と見なして攻撃しています。

でも、その見なし方や、相手の攻撃性そのものを変えようとするのは無謀です。変えようという働きかけが、新たな「有害性」ととられて逆効果となってしまいます。

最も効果的なのは、相手から、攻撃する根拠そのものを奪ってしまうことです。

だから「弱い」「有害」と見なされないように関わり方を変えればいいのです。

その中では、あなたの人間性や、人間性から生まれる感情は隠すことになります。

**ただし、再度、注意しておきたいのは、これは自分を押さえつけて相手の攻撃に耐えるということではない、ということです。**

ここでSTEP1の「悪人として接する」が効いてきます。耐え忍ぶ意識ではなく、悪人の意識で自分を隠してしまおう、という話なのです。

**すると、あなたは、「敵対的ではないけれど、底知れぬ強さ」を秘めた存在として、相手の目に映るようになっていきます。**

強いというのは弱くないということ、敵対的でないというのは有害ではないということ。つまり、悪人としてステップを実践するうちに、相手の目に映っていた「弱さ」と「有害性」が同時に失われていきます。

その結果、相手は、今まで理不尽に揚げ足を取っていたのが、取る揚げ足を失う、理不尽に拳を振り上げていたのが、振り上げられなくなる、そんな状況に陥ります。

相手は、こうして「弱い」「有害」＝「攻撃してもいい相手だ」という攻撃の根拠を失い、次第に攻撃欲が萎えていくというわけです。

関わり方を変えるというのは、このように、自分を守りながら、もっとも手っ取り早く理不尽な状況を変えていける方法なのです。


ざっとまとめましたが、以上が、今後行っていくメソッドの流れと効果です。具体的な方法は順を追って説明していきますので、とにかく「自分の関わり方だけを変えればいいいんだ」とだけ覚えておいてください。

## いつも攻撃してくる人は「吹き出物」のようなもの

また少し突飛な例を出してしまいますが、相手の存在に対して無関心になるには、相手のことを「吹き出物」だと思うといいかもしれません。

吹き出物を治す一番のポイントは、薬を塗るとき以外、触らないことです。気になってつい触りがちですが、必要以上に触れば触るほど悪化してしまいます。

**それと同様に、いつも攻撃してくる相手とは必要以上に関わろうとしないこと。**

無関心を基本姿勢とし、必要なときだけ、必要な範囲で、関わるようにします。そのための方法を、これからひとつずつ説明していきます。

また、吹き出物を愛する人はいませんし、吹き出物に愛されたいと思う人もいません。吹き出物に依存する人も、吹き出物に生きがいを感じる人もいません。

**これらもすべて同様で、重要なのは、いつも攻撃してくるような人を愛さないし、愛されたいとも思わない。そんな人に依存もしなければ、生きがいも感じないこと。**

まさに無関心な状態です。

吹き出物は、適切に治療すれば、いずれ完治します。あなたの世界に表れた吹き出物も完治できたらいいのですが、それは難しいでしょう。

相手を変えようとすれば逆効果になるし、かといって相手から離れることもできない。その中で成し得る最大の成果は、相手をなるべく静かにさせて、自分軸で生きることです。

関わり方さえ変えれば、それは十分可能です。相手を完全に排除することはできなくても、相手の影響は最低限に抑えながら、自分の人生を生きていけるのです。

# 反応を減らす

## 「本当の私」は相手に見せない

STEP3は、基礎編の仕上げです。

ここで説明する**「反応を減らす」**というのは、まず、**自分の感情を「隠す」、そのうえで「演じる」**という2つのことがセットになっています。

すなわち、STEP2で言った通り、自分の「人間性」を隠し、相手との「関わり方」を変えるということです。

そうして**相手から「弱い」「有害」と見なされる原因を元から断っていくのです。**

## 人間性には指一本触れさせない

そもそも、どうしてあなたは、いつも攻撃されるようになってしまったのでしょうか。

それは行動や態度を通じて、本当の自分を見せてきたからですね。あなたのその関わり方が、相手には「弱い」もしくは「有害」であると見なされたから攻撃されているのです。

だとしたら、**まずするべきことは、あなたが見せていた「本当の自分」を隠すことだというのは当然のことでしょう。**

STEP2で説明したように、あなたの人間性が攻撃される原因ではないのですから、人間性を変える必要はありません。

**人間性は、むしろ守るのです。相手に、指一本触れさせない程度に守ります。そのために自分の本当の感情を、相手にいっさい見せないようにします。**

まず、このことに抵抗がある人もいるかもしれませんが、そもそも人間は、すべての他人に対して、自分の本当の感情を見せる必要はありません。あなたの素直な感情は、それを見せることで、関係が良くなる相手にだけ見せればいいのです。何も好き好んで、あなたのことを攻撃したがる人に本当の自分を見せ続け、自分の平和を脅かす必要はありません。

**感情を見せないというのは、我慢して耐えるという意味ではありません。感情を隠して、関わり方を変えるのです。**

むしろ、感情を隠すことで、何を考えているかわからないようにして、相手を不気味がらせる、くらいのイメージをしてください。

## 感情を隠す際に気をつけること

ＳＴＥＰ１で説明した「悪人として反応を減らす」というのを思い出してください。悪人として反応を減らすからこそ、あなたは何かを秘めているような「得体の知れない怖さ」をまといます。

そうしないと、我慢して感情を押し殺し、相手のさらなる攻撃にも黙って耐えることになりかねません。

**「いつも攻撃してくるような人に、私の感情を見せてあげる必要はない」**というくらいの意識で、感情を見せないようにしていってください。

また、**感情を隠すことが怒りや威嚇のサインとなってしまわないように気をつけましょう。**怒りや威嚇の表現が、常にダメなわけではありませんが、それらは効果的なタイミングで出すべきです。

**もし、無計画に怒りや威嚇が出てしまっている場合、それは、あなたの人間性が出てしまっているわけで、あなたは自分の人間性を隠せていないし、守れていません。**

そもそも、今あなたが攻撃され続けているのは、あなたが「弱い」「有害」と見なされているからです。それなのに、ここで怒りや威嚇の雰囲気が出てしまったら、相手には「弱者からの有害行為」と映り、相手の攻撃欲は増してしまいます。

STEP2でも説明したように、相手は「吹き出物」のようなものです。「私は怒っているんだ！」とあなたが感情を出すと、それは相手を刺激することになり、吹き出物は大きくなります。

**感情を隠すことが、かえって怒りや威嚇のサインとならないよう、「そうだった、この人は、吹き出物なんだ」というつもりで相手を見てみるといいでしょう。**

感情を見せないようにするというのは、言い換えれば、「相手に対する反応を減らす」ということです。反応は相互的なものなので、こちらの反応を上手に怒り、威嚇と映らないように減らせば、相手から返ってくる反応も減ります。

**そして相手の反応が減れば、あなたの関心の度合いもさらに減っていく。**このように、うまく感情を隠すとコミュニケーションそのものが減っていくため、相手の存在に、より無関心になりやすくなります。

## もっとも避けるべきは「自分の限界」を見せること

いつも攻撃してくる相手に対してもっとも避けるべきなのは、感情表現によって「自分の限界」を見せてしまうことです。

なぜかといえば、「号泣」「落胆」「爆笑」などの**感情の振り幅を見せ、相手に精神的な限界を悟られると、相手は、あなたという人がどの程度、感情をかき乱される人間なのかを知ってしまいます。**

その限界値がわかると、相手はあなたのことが完全に理解できてしまい、あなたから「得体の知れない怖さ」を感じなくなってしまうのです。

繰り返しになりますが、あなたがいつも攻撃される理由のひとつは、相手があなたを「弱い」と見なしているからです。

つまり、あなたが攻撃をされなくなるには、何かしらの形で「強い」という印象を相手に与える必要があるのです。

ところが、今までずっとあなたが相手から攻撃されているということは、**あなたという人間は、少々怒鳴っても、怖そうな顔をしても、相手から見たら、怖くは見えないということです。**

だからこそあなたは、いつも攻撃されているわけですね。

ということは、あなたは、怒鳴ったり、怖そうな顔をする「以外」の方法で、強い印象を作り出さないといけないわけです。

その方法として、ここで提案しているのが、「得体の知れない怖さ」です。

## 感情を見せなければコントロールされない

怒鳴り声や怖い顔によって「強い」印象を作れないあなたでも、自分の感情を見せないことによる「得体の知れない怖さ」は、意外と簡単に作れます。

つまり、このメソッドで反応を減らし、あなたの人間性を隠すのには、二つの意味があるわけです。

**ひとつは、あなたの人間性を相手から隠して、それを守るため。**

**もうひとつは、人間性を隠すことによって、あなた自身が、何かを秘めた「得体の知れない怖い雰囲気」をまとうためです。**

ところが、もしあなたが普段から「号泣」「落胆」「爆笑」などの、感情の限界値を相手に対して見せていると、あなたは、何一つ秘めていないし、得体も完全に知れてしまいます。

ちょっと想像してみてください。

いつも静かに微笑んでいる人は、何を考えているのかわかりません。腹の底が知れないので、ちょっと怖くもあります。

でも、いつも爆笑している人を見たら、「この人は、こういうことで爆笑するんだ」とその人に対する理解がひとつ深まった気になるでしょう。

健全な人間関係であれば何も問題はありませんが、いつも攻撃してくる人が相手になると、このように理解されることが実害に直結します。

**「こいつの感情の動きはわかった」というのが、「こいつは自分のコントロール下にある」という認識に転換され、「いくら攻撃しても怖くない、弱いやつ」につながってしまうからです。**

## 感情に任せてものを言うと失敗する

これは、ひどい攻撃を受けて「次に、あなたが同じことをやったら、家を出て行きます」「会社を辞めます」などと勢いで言った（脅した）場合も同様です。

そもそも、本当は出て行けないのに「出て行く」と脅したり、会社を辞められないのに「辞めます」と言ったりした場合、あなたが本当にそれを実行できるなら良いですが、**格好良く啖呵《たんか》を切った挙句、いざとなったとき、あなたがそれを実行できないのであれば、それがあなたの限界です。**

そしてそのとき、相手は、あなたのその限界を知ります。

「ああ、こいつの限界はここなんだ」と。

もうひとつ例を挙げると、「媚びる」も同じです。

**媚びるというのは、心の中で土下座をしているようなものです。**

「ごめんなさい。許してください」と全身で許しを乞う姿から、やはり相手は、あなたの限界を見て取り、「コントロール可能」「弱い」「いくら攻撃しても怖くない」と侮るのです。

相手の眼に映る「弱さ」「有害性」を同時になくしていくには、最終的に、腹の底が知れないことからくる「得体の知れない怖さ」を醸し出さなくてはなりません。

ポジティブであれネガティブであれ、**あなたの限界が見えるという「わかりやすさ」は言ってみれば「腹の底が丸見えの状態」**です。それは最終的に目指したい「得体の知れない怖さ」の最大の障害となると考えてください。

## 感情表現を平坦にする

では、限界を見せないようにするには、どうしたらいいでしょうか。

限界は極端な感情表現によって伝わるのですから、その逆を行く、つまり感情表現を「平坦」にすればいいということです。

相手に対して起こる感情の動き、そこからくる表情の変化など、反応を最低限にしていくのです。

**ゼロにするのではなく、あくまでも「最低限に減らす」というのがポイントです。**

まったく感情の動きを感じさせない、無表情になるわけではないという点には、よくよく注意が必要です。

**無表情も効果的と思われるかもしれませんが、それはそれで、相手に有害性と取られる危険があります。**

人同士、一緒にいれば反応しあうのが自然です。そこで無表情という不自然な状況を作り出してしまうと、その違和感から、相手は「なんか弱いやつが反撃のサインを示してきた」と受け取る可能性が高いのです。

**要は「極端なことはしない」ということです。反応を「しすぎない」と同時に「しなさすぎない」ことも重要なのだと覚えておいてください。**

相手の言動に、人としてごく普通の反応はする、けれど極端な反応はしない。すると、相手にとっては「のれんに腕押し」のような状態になり、攻撃するポイントがなくなってしまうのです。

**感情表現を平坦にするのは、相手があなたのことを完全に把握したつもりになることを避けるためです。**

「相手が予想した通りに反応しない」という状況を作り出すことが、何かを秘めている「得体の知れない怖さ」を醸し出す第一歩となるわけです。

たとえば、普段みんなの前で爆笑している人が、いつも攻撃する人から何かを言われてシュンとなったら、そのギャップから、攻撃する人は「これくらいのことをしたら、こいつにこれくらいの精神的影響を与えられる」と、あなたをコントロールできるつもりになります。

ならば最初から爆笑しないようにすればいい、というわけです。

**普段から、感情表現の起伏を限りなく平坦にすることで、相手の「こいつはコントロール可能」という認識を外してしまうのです。**

感情の起伏を抑えた、ちょうどいい表情は次の通りです。代表的な2つを挙げましたが、どんな表情でも、常に大きくも小さくもない、中間レベルを心がけてください。

【相手の前での普段の表情】

・爆笑――なし
・歯が見える笑顔――原則的になし
・歯が見えない微笑み――あり（笑う時は原則的にこの表情）
・「いい天気だな」という程度の穏やかな表情――あり。これを基本の表情とする
・真顔（無表情）――原則的になし

【怒られているとき】
※本当に自分に非があるとき

・ビクビクした顔――なし
・困り顔――もっと反省を印象付けたいとき
・無念な表情――これを基本とする
・真顔（無表情）――なし
・強がり顔――なし

要するに、いつも攻撃してくる人の前では、上も下も、極端な感情表現をなくすということです。

微笑む以上の笑い方はしないが、笑うべきシーンでは毎回忘れず、ちゃんと微笑む。**普段からこのさじ加減を心がけていると、あなたの本当の感情を見られず、「得体の知れない怖さ（強さ）」を維持できます。**しかも、決して敵対的な表情ではないので、「有害」とも見なされません。

## 反応は「ゼロにする」のではなく「最低限に減らす」

たとえば、相手が笑っても、自分は丁寧に微笑む程度。相手からすれば意外と反応が薄いので、「あれ?」「おや?」となります。

とはいえ無反応ではなく、ちょっとでも笑ったことは事実なので、攻撃する理由にはなりません。これがもし無表情だったら「おまえ、何無視してるんだ!」という具合に攻撃が始まるかもしれません。

**このように、相手の予想と「少し」ずれた反応を見せる。そこで生じる小さな「おや?」「あれ?」が、のちのち、攻撃欲の喪失につながるのです。**

会社など、相手と自分以外の人たちもいる環境では、相手の目が届くかぎり、ほかの人に対しても、なるべく大きな反応は避けるほうが良いでしょう。

たとえば、いつも攻撃してくる上司に対しては最低限の反応なのに、ほかの人に対しては、たくさん笑ったり話したりしていたら、その上司はさらに攻撃を強めるかもしれません。

この場合、いつも攻撃してくる人に対する反応と、それ以外の人たちに対する反応のギャップはできるだけ小さくし、攻撃してくる人の目が届く範囲では、一貫して「反応の薄いキャラ」を演じる方が「有害」と見なされにくくなります。

反応を減らすという微妙なさじ加減を、ぜひ感じ取っていただきたいのですが、いかがでしょうか。

**あなたの関わり方の変化が敵対行為とは受け取られないように、反応をゼロにするのではなく「最低限」にしていく。**これを相手の反応も見ながら、少しずつ積み重ねていくということです。

## 淡々とした態度を貫く

今までは、感情（人間性）を「隠す」という話をしてきました。反応をゼロにするのではなく、必要最低限にまで減らす。これが、攻撃されないような関わり方に変えていく第一歩になるというのは、もうおわかりいただけたことでしょう。

繰り返しますが、感情を隠す目的は２つです。

**①自分の人間性を守るため**
**②人間性を隠すことで、何かを秘めている雰囲気を出し、「得体の知れない怖さ」をまとうため**

では、ここからは、いつも攻撃してくる人の前であなたが日常的に、どのように振る舞うかを解説していきます。

**ひと言で言うと、いつも攻撃してくる人には「淡々とした態度を貫く」ということで**

**す。**

「淡々とした態度」というのはどういうことかと言うと、**「相手が責めようがない程度に、無難なリアクションの範囲内で、最小限に薄い態度」**ということです。

別の言い方をすると、次の通りです。

・いつも態度が変わらない
・リアクションの起伏が浅い
・感情表現の浮き沈みが浅い
・ビクビク、オドオドしない
・その場に合わせてきちんと微笑み、きちんと困る
・個性的な言動をしない

**これを、前述の「何かを秘めている雰囲気」「得体の知れない怖さ」を意識しなが**

**ら貫くと、あなたは相手から見て、弱くも、有害でもなくなり、攻撃されないキャラクターに変わります。**

イメージしづらい人は、STEP1で説明した、女性なら「エレガントな悪人」、男性なら「ダンディな悪人」をイメージをしてみてください。

## キーワードは「最低限」

その上で、日々、最低限やらないといけないことをだけを淡々とこなします。すべきことの範囲を死守し、それ以上の気を利かせた行動は極力避けます。

以下、職場での例として、いつも攻撃してくる同僚や上司への具体的な行動の例を挙げていきますので、ご自身の状況に照らして、応用してみてください。

まず、私的な会話は極力やめます。ただし、挨拶は毎日にこやかに。

二人きりになったら、向こうから話しかけられないかぎり、寡黙な人として黙って自分の仕事に集中します。でも、何か仕事のことについて尋ねられたら、その返答を、短く、穏やかに、言い切る。そしてまた黙る。


態度や表情は、前述の通り穏やかに、嫌悪感の表情は出しません。

ぶっきらぼうな話し方はしません。

無表情で「違います！」ではなく、「あぁ、違うと思いますが……」というように。


よけいな仕事を率先して引き受けることは極力避けます。

後ろから名前を呼ばれた場合、決して素早く振り返ってはいけません。リスのように俊敏にではなく、ライオンが振り返る姿をイメージして、堂々とゆったりと振り返ってください。

仕事が終わったら、早々に帰ります。無駄話はしません。


これはあくまでも、見本の一例なので、ご自身の状況を踏まえてキャラをイメージしてみてください。

あなたが、相手にとって「攻撃してもおもしろくない人」となる。ここから、相手の攻撃欲が次第に萎えていきます。

## 「自分の人生優先」という意識が重要

ここで再度、思い出していただきたいのが、STEP1で説明した**「結局、自分はどうしたいのかを常に考える」**ということです。

淡々と振る舞ううえでも、この意識を絶対に忘れないでください。

そもそも、あなたがこの本を手に取ったのはなぜでしょうか。

自分を守りながら、状況を変えていくため、平和を作り、今まで踏みにじられてきた自分の人生を取り戻すためではないでしょうか。

また、結局のところ、あなたが人生でしたいことは何でしょうか。

それは、お子さんと幸せに生きることでしょうか。趣味を楽しみながら、穏やかに暮らすことでしょうか。相手の影響ではなく、自分の意志で仕事をし、成果を出すことでしょうか。改めて自問してみてください。

ここで私が言っている対処法の「淡々と振る舞う」というのも、それを行うこと自体が人生の目的ではありません。**これらはあくまで、自分が生きたい人生に向かうための手段にすぎないのだと、改めて自覚してください。**

目的の置き方によって、今後の人生のあり方は大きく変わります。

**あなたを攻撃する、離れたくても離れられない「あの人」のいる世界が、あなたの世界のすべてではありません。**

あなたには、ちゃんと自分だけの世界があり、そこで生きるのを邪魔されないよう、相手には黙っておいてもらうために、「悪人」として、必要最低限のことを淡々とこなす。そんな意識をもって相手と向き合ってほしいと思います。

## 大変かもしれないのは「最初の1歩」だけ

感情の勢いに任せて泣き叫んだり、無理して脅しをかけたりしたところで、相手はあなたの限界を見抜き、「弱いやつが、がんばって抵抗してるな」くらいにしか受け止めません。さらなる攻撃の誘い水になるだけです。

**ところが、悪人の意識をもって反応を減らし、淡々と振る舞っていると、次第に敵対的ではない「強さ」「怖さ」が醸し出されます。**

これは、今日、明日で起こる変化ではありません。もしかしたら、わずかでも変化を感じ取った相手が、攻撃を強める瞬間もあるかもしれません。

**あなたは、関わり方を変えることで、攻撃されないようなキャラへと変わっていく**

## スタート地点に立ったばかりです。

ほんのわずかでも、その第1日目に起こる変化は、感じ取られてしまったとしても仕方ないでしょう。でも、そこで「失敗だった」と諦めないでください。

2日、3日、5日、10日、15日、1ヶ月、3ヶ月……と続ければ「感情を交えずに淡々と関わる」というのが常態化していきます。

あなた自身にとっても相手にとっても、あなたは「感情を交えずに淡々と関わる、そういう人」になっていくということです。

その中で相手の認識も、「いくら攻撃しても怖くない人」から、「攻撃してもおもしろくない人」「不気味な怖さをまとった人」へと変わっていきます。

そして気づいたときには攻撃されなくなっていた――これが、関わり方を変え、キャラを変えることで、状況を変えていくということなのです。

# 第2章

# 理不尽な「攻撃」にはこう対処する！
# 戦わないで勝つための逆転ルール

# 言葉を減らす

## 無視ではなく「寡黙な人」として関わる

第1章では、「悪人」として接するという意識の土台を作り、相手の存在に対して無関心になったうえで反応を減らす、というところまで紹介しました。

ここからは、さらに具体的に関わり方を変え、相手の目に映るあなたのキャラを、「攻撃されないキャラ」に変える方法をお話ししていきます。

1つ前のSTEP3では、感情表現などの反応を減らしました。

**次にやっていただきたいのは「言葉を減らす」ということです。**

なぜなら、世の中の継続的な攻撃やいじめのきっかけの大半は、会話の中から生まれるからです。

攻撃のターゲットとなった時点で、もはやありのままの自分で相手と自由に会話を楽しむことは、かなり難しくなっています。悲しいことですが、そういう前提で、どう言葉を発するかを考える必要があります。

## イライラの発生源である「会話」を減らす

かといって、「攻撃されない話し方のコツ」みたいなものがあったとしても、会話のパターンごとに覚えるのは大変でしょう。

あるいは、何かしら、攻撃をやめさせるような効き目のあるひと言を発することができればいいのかもしれませんが、そもそも戦うのが苦手な人にとっては、これも荷が重すぎます。

**そこでイライラの多くの発生源である「会話」そのものを減らすことで、相手の攻撃のチャンスを減らしてしまおうというわけです。**

世の中のいつも攻撃されがちな人たちの多くは、言われたことに「いかに上手く言い返すか」をグルグルと考えてしまうため墓穴を掘ってしまい、いつまでも相手の攻撃が収まりません。

そうではなくて、**「いかに言葉を返さないか」「いかにして、早く、自然に会話を終わらせるか」を考えるほうが、戦うのが苦手な人にとっては、労力は少なくて済むし、攻撃をなくす効果もはるかに大きいわけです。**

ただし、まったく言葉を発しないようになると、それはそれで敵対的な印象になります。すると相手が見なす有害性が増してしまう、つまり、「無視」と捉えられてしまうため、最低限の言葉しか発しない「寡黙な人」として関わるというのが、もっとも妥当なラインです。

## 言葉を減らすもうひとつのメリット

言葉を減らせば、当然、沈黙が生まれます。

今までは沈黙が気まずくて、自分から世間話などをしていたかもしれませんが、そこはSTEP3でも示したように必要以上の言葉をかわさないよう、関わり方を変えてください。

おそらく今までのあなたは、次から次へと激しい言葉を投げつけられることで頭が真っ白になり、「はい」「いいえ」くらいしか言えない思考停止状態になることが多かったのではないでしょうか。

しかし、こうして「沈黙を作っていい」ということに慣れると、言葉を交わしていない時間ができ、その沈黙の間に頭が働くようになります。

**あるいは、パニックから「何か言葉を発しなくては」と考えがまとまらないまま言葉を発し、「何を意味のわからないことを言ってるんだ！」というふうに、さらに相手のイライラを増殖させてしまっていたかもしれません。**

そんなあなたにとって、「沈黙に慣れることで思考が働く余地ができる」というのは、「言葉を減らすことでイライラの発生源を減らす」というのと同等に、大きなメリットになります。

## 「沈黙」を積極的に利用する

いつも攻撃してくる人にとって、沈黙は、とても攻撃しづらい状況です。言葉を減らすと同時に、沈黙は積極的に利用できるようにもなります。

**「沈黙がまったく気にならないキャラ」になることが重要です。**

相手がいたたまれなくなるような沈黙の時間帯を、言葉を減らすことで、それこそ「悪人」の意識をもって意図的に作り出すのです。

必要以上の言葉を発せず、決して会話を弾ませない。相手が話している最中はテンポよく相づちを打ったりなんかせず、考えているふうの「間」を作る。

**相手からすれば「自分が話しているのに、予想通り、期待通りに反応してこない」という肩すかし感を与えるイメージです。**表には見えない悪意をもって、相手が攻撃しづらい沈黙を作り出すのです。

## 沈黙があると揚げ足を取られない

いつも攻撃する人の多くは、自分が発した言葉に対して、あなたが反応したところで揚げ足を取るという手法で攻撃します。

あなたが返した言葉に何かしら難癖をつけて、あなたが悪く、自分が正しいかのように言いくるめるのです。そこに筋の通るロジックはないことがほとんどです。

このように、**相手の攻撃の糸口は、多くの場合、あなたの言葉にあります。**となれば、あなたが意図的に言葉を減らし、沈黙を作ることで、相手は攻撃の糸口をつかめなくなります。

今まで相手は、理不尽なことを言ってあなたに反応させ、それをまた理不尽な口ジックで言いくるめる形で攻撃していました。**それなのに、あなたが意図的に「間」を作り出すと、相手は自分が言った言葉の理不尽さに向き合わざるを得なくなります。**

言ってみれば「自分の掘った落とし穴に落ちる」という感じで、いたたまれない気持ちになるわけです。

そんないたたまれない中では、もはや調子よく攻撃できず「もう、いいよ」となり、攻撃欲が萎え始めます。あなたへの攻撃が、あまりにも面白くなくなるからです。

## 相手のリズムを崩す

相手の中では、すでに**「攻撃しやすい会話の図式」**ができあがっています。

理不尽なことを素早くしゃべり、あなたに考える時間を与えず、リズムよく反応させて、揚げ足を取る。このお決まりコースで、調子よく流れるリズムにあなたを巻き込み、思い通りに攻撃します。

リズムのいい会話は、誰にとっても心地良いものですよね。いつもあなたを攻撃する人にとって、それはすなわち、攻撃しやすいリズムです。

特に**八つ当たりしたいだけの人は、本当は、攻撃の理由そのものが存在しません。ただ、何でもいいから攻撃したいだけです。**

そのため、不条理なことを言いながら、勢いよくトントンと「攻撃しやすいリズム」に、あなたを巻き込んで攻撃します。

その心地良い会話のリズムを崩してしまえば、相手が作り上げている「攻撃しやすい会話の図式」も機能しなくなります。

だから、もう相手の思惑通りにさせないために、会話中、相手の予想より、少しずれた反応を見せればいいのです。

## 早口になっていると感じたら

**今までお話ししてきた「沈黙」にも、その効果があります。**これまで、相手の思惑通りに反応していたところ、言葉少なになることで、相手の会話リズムが崩れます。

ほかにも、たとえば相手が早口なために、自分まで早口にさせられていると感じたら、意図的にゆっくりしゃべって、相手のリズムを崩します。

不条理なことを言って攻撃してくる人は、それだけで、マシンガンのように繰り出されていた言葉が行き詰まり、調子が狂います。

それによって攻撃する快感は半減するし、攻撃の口実も成立しにくくなります。もともと、単にリズムに乗ることで、筋が通っているように見せていただけだからです。

あなたの反応が思惑通りにならないと、相手は余計にイライラするのではないかと心配になったかもしれません。でも、冷静に考えてください。

**あなたには、あなたの目の前の人が望むペースで話す義務はないのです。あなたにはあなたのペースがある。**

だから、「だって、話すペースは人それぞれだから」という、無邪気な表情を貫けば、相手は、それを認めざるを得ません。

ここでもやはり重要なのは「悪人」の意識です。

「悪人」として、沈黙する。
「悪人」として、あえてゆっくり話す。

こんなふうに「悪人」の意識を持って相手のリズムを崩せば、ここでも自然と「得体の知れない怖さ」が漂うようになります。

すると、あなたを思惑通りにできなくても、相手のイライラは募らず、代わりに攻撃欲が萎えていくのです。

## 基本は「沈黙」、発言するなら「短く、穏やかに、言い切る」

言葉を減らすといっても、何も言葉を発しないわけにはいきません。まったくの無口は「無視」と受け取られ、さらなる攻撃の理由となってしまうというのは、今までの話からすでにおわかりいただいたことでしょう。
しかも、事実と違うことを言われたときは、素早くそれを否定しないと、事実を捻じ曲げられてしまう場合もあります。

基本は「沈黙」を積極的に作ること。そのうえで発言する必要がある際のコツは、次の３つです。

まず、発する言葉を必要最低限にするために、**「短く」**言う。
なおかつ敵対的な雰囲気が出ないように**「穏やかに」**言う。
そして最後に、語尾をはっきりと**「言い切る」**。

いつも攻撃される人の多くは、自分の言葉に自信がなく、語尾が消え入るように話したり、最後に曖昧に笑ったりしがちです。それが「弱さ」と映り、攻撃しやすくなります。

まとめると「短く、穏やかに、言い切る」ということです。

すると自然に適度な「冷たさ」も含まれ、相手は「いくら言ってもダメ」といういたたまれなさに陥ります。

次に「沈黙する」「短く、穏やかに言い切る」という具体的な場面設定を、いくつか挙げておきます。

ただし、置かれている状況や相手の攻撃の程度はそれぞれ異なるため、相手の出方を見ながら調整する必要はあります。これから見ていくのは、あくまでも基本的な対処法として頭に入れておいてください。

また、これらは全体を通して、STEP1で解説した、女性なら「エレガントな悪人」男性なら「ダンディな悪人」の人間像をイメージすると、理解しやすいと思いますので、参考にしてください。

## 【明らかに嫌なことを言われたとき】

気分を害されたからといって、感情的に言い返したりすれば、相手はさらに増長して攻撃してくるでしょう。

この場合は、「意味深な沈黙」が効果的です。あなたの反応と相手の攻撃がセットになっているため、あなたが反応せず、会話を成立させないようにすれば、相手は次第に言葉を継げなくなっていきます。

最初は勢いよく攻撃させながらも、反応しないことで、徐々に言葉が出ないようにさせていくのです。

もし、効果が少なめだと感じるなら、STEP3で説明した「得体のしれない怖さ」をイメージしながら、その後もしばらく、気まずい沈黙を続けながら生活を続けてみてください。敵対的な表情をしない点を忘れないように。

すると相手には「自分が嫌なことを言ったせいで、こんないたたまれない雰囲気になっている」という印象が残ります。それ以上、気分よく攻撃できなくなり、やがて攻撃は尻すぼまりに鎮まっていくでしょう。

### 【どうでもいいようなことで責められているとき】

「どうでもいいようなこと」なので意思表示する必要はありません。

ほぼ無表情で、話の合間に、印象に残らないトーンで「あぁ……」「そう……」程度の言葉を発します。

ただし相手を乗せてしまうような、テンポのいい相づちにならないように注意してください。

業を煮やした相手が「どう思うんだ！」などと言ってきたら、「あぁ……よくわからない」などと、やはり短く、穏やかに、言い切ります。


**【やってもいないことを「やった」と責められているとき】**


この場合は、「あぁ……」だと「やった」と認めることになってしまいます。基本は同様、短く「それは、やっていない（やっていません）」と穏やかに言い切ります。

逆にやるべきことを「やっていない」と責められたときも同じです。「それはやった（やりました）」と、短く、穏やかに、言い切ります。

ここで、くどくどと説明を重ねれば重ねるほど、相手に揚げ足を取るチャンスを与えてしまいます。やはり必要最小限のことだけを、短く、穏やかに、言い切ることが重要です。

本書では基本的に、言葉や反応を減らす方向で対処法を解説してきていますが、常に黙るわけではなく、「言わなければ自分が損をする場面」でははっきり自己主張をするのだということは知っておいてください。ただし、何かを言うときは常に、短く、穏やかに、言い切ります。

この点、非常に重要ですので、明確に覚えておいてください。

**【逃げたいとき／不毛な会話を終わらせたいとき】**

「はい」「そうか（そうですか）」「わかった（わかりました）」など、話の内容に合わせた言葉を短く、穏やかに、言い切ります。

通常のコミュニケーションでも、会話を終わらせたいときには、「そろそろ切り上げたいトーン」を出すものでしょう。

そのトーンをここでも応用し、あくまでも相手のリズムに乗らないよう、短く、穏やかに、言い切るように意識します。

**【自分に言い分があるとき】**

たとえ自分に言い分があっても、くどくどと説明したり、弁明めいた言葉を重ねたりすれば、それだけ揚げ足を取られるリスクが増します。言いたいことを、可能なかぎり、短く、穏やかに、言い切るように心がけてください。

必要以上に言い募らずに済ませるコツは、「なぜなら」などの補足説明はせず、簡潔に結論だけ言うことです。

言い分があるときは、言葉を尽くして説明すれば、わかってもらえるという期待があるかもしれません。でも、いつも攻撃してくる人には「わかってもらおうとしないこと」が重要というのは、これまで説明してきた通りです。

**【不条理なことで責められたとき／意味がわからないとき】**

相手の言っていることが理解できないとパニックになり、わけもわからず言葉を返してしまいがちです。でも、パニックの中で発する言葉ですから、まず合理的ではありません。

それがさらなる攻撃につながります。相手は、あなたが慌てて非合理的な言葉を返してくることまで見越して、不条理なことで責めているのです。

でも、落ち着いて考えてみてください。いったい誰が、意味不明なことをまくしたてている相手に、瞬時に返事をしなければいけないと決めたのでしょう。

**あなたには、「理解できなくてもいい」という権利があります。相手に瞬時に答えてあげる義務はないし、相手にも会話のペースを決める権利などありません。**

あなたには「慌てて言葉を返す」以外に、「黙る」というオプションもあるということを、知っておいてください。相手の話が理解できなかったら、「とりあえず黙る」と決めておくといいでしょう。

その際の表情には、状況によっていくつかオプションがあります。代表的なのは、次の3つです。

1つめは、「うん?」というような、「無視ではなく、興味は示しているが、意味はわからない」という表情です。

2つめは、「うーん……」というような、「意味はわかるが、それには難点があるなあ」という表情。この場合は、沈黙の合間に、実際に「うーん……」と発してもいいでしょう。

3つめは、「意味はわかり、細部まで咀嚼できた」という表情。これは考えている感じで3秒ほど、小さくうなずきます。

その他、相手の攻撃が止みそうもないときなどは、会話を終わらせるために、便宜上「すみません」というと効果的な場合もありますが、媚びるような言い方にならないようにしましょう。

ここですべての状況を網羅することはできませんが、とにかく「相手のリズムに巻き込まれないこと」を、常に意識してください。相手が作った会話のペースに乗っかってしまわないことがもっとも重要です。

そもそも相手は不条理なことを言っているので、あなたが具体的に発言しなければ、もう揚げ足を取ることはできません。

ですから、言葉を発するにしても、結論めいたことや反論めいたことは言わず、「ああ……」「うーん」など、曖昧な言葉にとどめます。こうしてつかみどころをなくすのも、相手のリズムを崩すということなのです。

**【無視されたとき】**

無視にもいろいろありますが、よく相談されるのは、明らかに悪意をもって無視されているというケースです。そこでは次のように対処します。

まず、淡々と、返事を期待せずに話しかけます。「返事してくれてもいいし、してくれなくてもいい」という気持ちで話しかけるということです。

そこで無視されたら、それ以降は「今はそういうモードなのね」「一人でいたいなら、そうさせてあげる」と思っている寛大な人になりきって、放っておきます。

このとき、傷ついた様子を見せないように気をつけてください。それこそが、相手が狙っている効果だからです。

**無視することで、あなたが傷つく――そういう自分の影響力を感じたくて、相手は無視しているのです。**

あなたが傷ついた様子を見せなければ、相手は無視の手応えを感じられなくなり、無視をする実益がなくなります。

こういうメカニズムですから、「別に、気にしてませんけど⁉」という強がった感じが見えてしまうのも避けたいものです。それはそれで、相手に無視の手応えを感じさせることになり「有害」と見なされるからです。

その後、再び相手が話しかけてきたときには、何事もなかったかのように、通常モードで淡々と話します。

もうわかっているとは思いますが、相手が無視を終了したときは、くれぐれもホッとした表情など浮かべないように注意してください。

そうすると、相手は「やっぱり待ってたんだな」と、時間差で無視の手応えを感じることになります。無視されても淡々と過ごし、相手が歩み寄ってきても淡々と過ごすという一貫性が、あなたの「弱くもなく、有害でもない」という印象を作ります。

**【怒鳴ってきたとき】**

相手がかんしゃくを起こして怒鳴っているときは、何を言っても火に油です。

無視ではなく、一応は「関心を持って聞いている」という体で、ひたすら沈黙してください。ただし相手が手応えを感じてしまわないよう、おびえた様子や傷ついた様子、反省している様子などは出さずに、ただ真顔で視線を下に落とし、やり過ごします。

その上で、ステップを参考にして、普段から、貫く態度によって、そもそも怒鳴られにくいキャラクターに変わりましょう。

**【ネチネチ責めてきたとき】**

「相手が攻撃する↓あなたが反応する↓この手応えに相手は悦に入る」というループを断てば、相手の攻撃欲は萎えていきます。要するに相手の快感につながるような反応を見せなければいいのです。

ネチネチ責められているときも同様です。まず、ヘコヘコとへりくだった態度を見せないこと。そして、適当なところで「そうだね（そうですね）」といって会話を終わらせます。

この「そうだね」のトーンは、納得した「そうだね」ではなく、前にも出した「会話を終わらせたいとき」の「そうだね」のトーンです。「理解はしたが、納得はしていない」という気持ちで、感情を入れず平坦に静かに言い切ってください。

**【謝るとき】**

あなたに少しでも非があった場合は謝らなくてはいけませんが、とりわけ相手が乗じやすい局面であるだけに、細心の注意が必要です。

一番良くないのは、とにかくその状況を切り抜けようと、おびえた顔で「ごめんなさい、ごめんなさい」と平謝りすることです。

いくら「今回ばかりは私に非があった」と認めていても、全面降伏して平謝りするのは、その後のことを考えるとよくありません。

なぜなら、いつも攻撃するような人は、ここで得た心理的アドバンテージをずっと利用するに違いないからです。きっとしばらくは、あなたの「あのときは申し訳なかった」という気持ちに何度でもつけ込んで、ネチネチと責めてくるかもしれません。

では、どうやって謝ったらいいのか。コツは、**「申し訳ない」という気持ちではなく、「無念である」という態度で謝ることです。**

この2つは、似ているようでまったく違います。

「申し訳ない」は相手に対する気持ちを表していますが、「無念である」は、このような失敗をした「自分に対して」無念さを感じるということ。つまり、感情のベクトルがまったく逆なのです。

態度が、自分に向かう「無念である」であれば、言葉では「すみません」「ごめんなさい」と謝っても、相手にひれ伏す表情にはなりません。

これは「相手から指摘される前に先手を打って、自ら過剰に悔しがること」と言ってもいいかもしれません。

相手は、ここぞとばかりに攻撃してやろうと意気込んでいます。

そこで「あなたの言いたいことはわかる。なんてことだ。無念だ。」と真っ先に相手に共感し、叩かれる前に、自分で自分を叩いてしまう。すると相手は、振り上げた拳の持って行き場を失ってしまうというわけです。

そのうえで、必要に応じて「これからはこうする」などと善後策を示せば、相手に何も心理的アドバンテージを与えることなく、その場限りで失敗を収めることができるでしょう。

**【断るとき】**

STEP3で、「やるべきことの範囲を自分で決め、それを死守する」とお話ししました。それ以上のことで、自分が不条理だと感じことを「やれ」と言われた場合には、断る必要があります。

大事なのは、相手の無理難題を引き受けさせられる「被害者」にならないこと。断ることであなたという人間の主体性を見せ、もはや相手のコントロール下にある人間ではないと示すのです。そのために、断るときは「できない」という自分の都合だけを、短く、穏やかに、言い切ります。

「あー……」と便宜上、一瞬だけ申し訳ない表情を浮かべた後、「それは、できない（できません）」と短く、穏やかに、言い切るという感じです。

ここでも、くどくどと説明を加えるのは、相手に揚げ足を取るチャンスを与えることになるので避けてください。さらに強硬に「やれ」と言われても、「あー……、すみません。できない、ごめんなさい」と押し切ります。

このときの、「すみません」「ごめんなさい」という言葉は、「断る」という自分の利益を得るための手段ですので、どれだけ言っても、自分は弱い立場になりません。同じ、「謝る」という行為でも、何の利益もないのに単に謝らされるケースと分けて考えてください。

その後、「じゃあ、どうするんだ！」と言われたら「さあ……どうしたらいいか」「わからない（わかりません）」などと返します。

それは、相手が考えればいいことだからです。

元を正せば、あなたにやるべきこと以上のことをさせようとしたのは、相手です。本来、どうするべきかを考えるのは相手の責任なのに、かんしゃくを起こして、あなたに責任転嫁しようとしているのです。

ここであなたが「じゃあ、こうしたらどう？（どうでしょう？）」「やっぱり私がやろうか（やりましょうか）」などと反応すると、あなたは自ら好き好んで責任を引き受けたことになります。

「その手には乗らない」という強い気持ちで断り切ってこそ、あなたの主体性を見せ、もはや相手のコントロール下にないと示すことができます。

**【ほめられたとき】**

攻撃とは少し毛色が違うと思われたかもしれませんが、ほめられたときの反応も大切です。

**相手の攻撃欲を萎えさせるには、何であれ「自分の影響が及んでいる」と相手に実感させないこと。**罵倒でも褒め言葉でも、相手に何かを言われたビフォアとアフターに、なるべく変化がないようにすることが効果的です。

というわけで、**ほめられたときも「普通の淡々とした態度」を貫いてください。**

決して、いつも攻撃してくる人の前で素の自分を出して、あからさまに喜んだりしないことです。「あなたの言葉は、私にこれだけ影響を及ぼします」と示すことになり、ますます相手を図に乗らせるだけです。

短く、穏やかに、「あー、ありがとう（ありがとうございます）」「あー、みなさんのおかげです」などと丁寧な物腰で言い切ったら、すぐに立ち去ったり、別の話題に移るなどして、「ほめられた」という状況に長くとどまらないようにします。

きわめて「さっぱり、あっさり対応する」のが一番です。「喜ぶだろう」と予想していた相手は、またひとつ、あなたをコントロールできるだろう、という印象を失います。

しかも、あなたは無礼な態度を取っているわけでもないので、相手はあなたを責めることもできません。

## 「ほめる」の上手な使い方

このステップの最後にお話ししておきたいのは、自分から相手をほめるときは、どうしたらいいか、ということです。

結論から言うと、**いつも攻撃してくる人をあまりほめるべきではありません。**

なぜなら、立場が対等以上になるまでは、相手の中にあなたにほめられて当然という図式ができあがっているからです。

その関係性のままほめると、相手は「へりくだっている」「好かれようとしている」「おべっかを使っている」などと受け取ります。

相手の思惑通りにほめることで、「こいつはコントロール可能」という認識も強まってしまいます。

つまり、**いつも攻撃してくる相手に対しては、ほめるという行為自体が、「攻撃されるキャラ」を補強してしまうということ。**このステップで説明してきた「言葉を減らす」とは、「むやみにほめない」ということにもつながるのです。

ただ、戦略的に「あえてほめる」のであれば、攻撃を止めさせる効果につながる場合もあります。

次の点を意識してほめれば、あなたと相手の立場を逆転させることも可能でしょう。

・相手が「ほめられて当然」と思っている間はほめない
・相手が「ほめられて当然」と思っていなさそうな部分をほめる
・相手の「人間性」ではなく「行動」をほめる
・クールに、「すごいね（すごいですね）」などと短く、穏やかに、言い切り、すぐに「普通の淡々とした態度」に戻る

このように、相手が思ってもみなかった部分をクールにほめると、「ほめられた！」という意外性から、勝手に相手が下がり、結果として、あなたの立場が上がるのです。

以上、ご紹介してきましたが、すべての状況で、「エレガントな悪人」「ダンディな悪人」を意識して、「得体の知れない怖さ」を持った人間がそれをやる、とイメージするとわかりやすいと思います。

# 接点を減らす

## 明確な線を引き、目の前にいる人との境界を設定する

「悪人」の意識で相手に無関心になり、反応を減らし、言葉を減らしたら、次は相手との距離を取っていくステップに入ります。

特に夫婦だと、「一緒に過ごさなくてはいけない」という思い込みは強いものです。夫婦なのだから、一緒に食事を取らなくてはいけない、同じ寝室で寝なくてはいけない、ライフスタイルをそろえなくてはいけない……。あなたも、そんなふうに思っていませんか？

でも本当は、そうしなくてはいけない理由などありません。

現にあなたは、相手と同じ時間に、同じ空間にいることで、攻撃されるという苦痛を味わっています。

いくら攻撃欲の強い相手でも、目の前にあなたがいなければ攻撃できません。ならば可能なかぎり接点を減らして、「同じ空間にいるから攻撃される」という物理的条件をなくしてしまえばいいのです。

**ここで持ってほしいのは「境界線を引く」という意識です。**

たとえば、夫がリビングにいるなら自分はキッチンで過ごす。夫がベッドルームにいるなら自分はリビングで過ごす、あるいは就寝や起床時間、食事をとる時間をずらす……などなど、空間的、時間的な境界線を引きます。

さらには、寝室や食器など、今まで共有していたものを別々にすることで、心理的な境界線を引くというのもひとつです。いきなり寝室を分けるのは変化が激しすぎるので、まずは物の共有をやめることから始めるといいでしょう。

これらにかぎらず、「境界線を引くんだ」というつもりで日常を振り返ってみれば、ほかにも境界線を引けるところが見えてくるはずです。あらかじめ自分で考えて、決めておいてください。

## 境界線も可能なかぎり、ゆっくり徐々に

ただし、数的、規模的に、急激な変化を加えることで攻撃の口実を相手に与えてしまわないよう、相手の様子も伺いながら、少しずつ境界線を増やしていきます。

こうして、あちこちに境界線を引くことで接点を極力、減らしていく。

**相手からすると「攻撃したくても、攻撃する相手が目の前にいない」という状況を、あなたが作っていくのです。**

上司と部下の関係でも同様です。

夫婦関係と違って、部下は上司に管理される立場にありますから、時間的、空間的

な境界線は引くことはできないと思うかもしれません。

でも、よくよく振り返ってみれば、必要以上に接点を持っていたところが見つかるはずです。

たとえば暗黙の了解で、出社と退社の時間を上司に合わせたりしていませんか。上司が昼食に出たら、自分も昼食に出ていませんか。

これらをずらして、少しでも時間的、空間的な接点を減らせば、少なくともあなたの気分は、ずっとラクになるはずです。

もちろん会社の規則などもあって、100パーセント思い通りとはいかないでしょう。それでも何もしないより、はるかに状況は変わります。これを機に、上司との接点を減らせるところを、なるべく多く洗い出してみてください。

## 相手の元には素早く入り、素早く出る

先ほど説明したように、相手と同じ空間にいることを極力避けること。

その中で、どうしても相手のいる空間に行かねばならないときには、**「素早く入り、素早く出る」というのも、攻撃の物理的条件を減らすコツです。**

素早くと言っても、小走りをするということではありません。

そもそも相手の目に「弱い」「有害」と映っているあなたの存在感が、相手の攻撃欲を刺激しています。

ですから、相手の攻撃のチャンスを減らすには、なるべく存在感を消すことも重要です。同じ時間に、同じ空間にいないようにするというのも、相手のいる場所に行く際に素早く出入りするというのも、そのためです。

そこで小走りをすれば、たしかに素早く出入りできるでしょう。

でも、パタパタという音や動きが目立ちますし、小動物のような動きによってビクビクしている感じが出てしまいます。「存在感を消す」という点で、これはNGというわけです。

**イメージとしては、「スッと現れ、スッと消える」という感じです。**

音もなく入り、半ば息を止めるようにして用事を済ませ、音もなく出る。大げさに言えば、あなたが来たこと、少しの間いたこと、去ったことを相手が認知できないくらい存在感を消すということです。

もし、同じ空間にいる間に相手に話しかけられたら、STEP3を思い出してください。必要最低限のことを短く、穏やかに、言い切ります。

**普段はなるべく相手の目の届かないところにいる。**
**そして相手のいる場所に行くときには、素早く入り、素早く出る。**

空間的、時間的にはこの2つの条件を常に意識して、相手との接点を減らしていってください。

こうして、あなたが相手の目に入る機会が少なくなる。そんなシンプルなきっかけでも、相手の「あなたを攻撃する習慣」は減っていくものなのです。

# 情報を与えない

これまでのステップでもお話ししてきましたが、反応や感情など、相手に与える情報が多ければ多いほど、相手にとって都合のいい攻撃の理由が生まれやすくなります。ですから、境界線を引く延長で、余計な情報を与えないというのも効果的です。

ここでも、よくよく日常を振り返ってみてください。

**夫婦関係であれ、会社の上下関係であれ、何でも情報共有しなくてはいけないと思っているかもしれませんが、じつはそんなことはありません。**

今も言ったように、多くの場合、攻撃の理由は、相手に与えた情報から作り出されます。そのため、必要以上に情報を与えないようにしたら、むしろ攻撃の頻度が減ったというケースも多く見られるのです。

「情報共有は必要最低限だけにする」と思っていれば、意外と共有しなくていい情報はあるものです。今までは、こういう発想がなかったから、盲目的に何でも情報共有していただけだということに気づくでしょう。

いくつか例を挙げれば、たとえば「今日は出かける」という情報は伝えても、「どこに行く」「誰と会う」は言わないようにします。

また、家具などを買い替えたいときに、夫に決めてもらうつもりで相談する、というのをやめます。自分で決めてから、短く、穏やかに、買い替えることを言い切る、あるいは何も伝えずに実行してしまうのもありです。

**意外なところでは、マスクをするのもおすすめです。**

必要以上に「表情」という情報を与えないためです。実際、家の中で「風邪気味だから」などといってマスクを着けるようにしたら、とても過ごしやすくなったという声もたくさん寄せられています。

## 必要以上に報連相をしない

どうやって情報を与えないようにするにせよ、まず自分で考えて決めて、相手の雰囲気を見ながら実行していってください。すでに「悪人」の意識で、反応も言葉も減らしてきているので、やってみれば意外とうまくできるはずです。

会社の上下関係でも、必ずしも共有しなくていいのに、無条件に共有している情報があるはずです。

たとえば「報告・連絡・相談」は社会人の基本と言われますが、上司を恐れて、必要以上にしてはいないでしょうか。

これもやはり、あらかじめ「こういう情報は伝えなくていい」「この程度の報告はしなくていい」と、自分で考えて決めておくことが重要です。

# 継続する

## 継続することで攻撃欲はなくせる

ここまできたら、基本のステップはほぼ終了です。STEP6は、いくつかのノウハウを使って今までやってきたことをしっかり継続し、いよいよ完全に相手の攻撃欲を萎えさせる段階です。

少しおさらいしておきましょう。

**いつも攻撃してくる相手にとって、あなたは「弱い」もしくは「有害」であり、**

**「攻撃しても怖くない」**存在です。

**そのように、相手に見なされているということが問題です。**

かといって、相手の中では、「あなた＝攻撃対象」として固定しているため、話してわかってもらおうとしても徒労に終わるでしょう。

それどころか、話してわかってもらおうとすること自体が、あなたからの反撃、有害性の増加と受け取られ、さらに攻撃が強まる危険もあります。

攻撃されるのは、あなたの人間性が悪いからではなく、したがって人間性を変える必要はまったくありません。

**ただ、あなたの関わり方が、「こいつは攻撃しても怖くない」「攻撃すべき有害性がある」と相手に思わせてしまっているということは、理解しておく必要があります。**

ですから、関わり方だけを変えて、「弱くて有害な、攻撃できるキャラ」から「弱くも有害でもない、攻撃しづらいキャラ」へと変えていく。そうして相手の攻撃欲を萎えさせることが、あなたが、戦わずして状況を変え、平和を得る方法です。

**そのために、まず「悪人」の意識という土台を作ります。**

そして相手の存在に無関心になり、感情表現などの反応を減らし、言葉を減らし、そして接点を減らしていきます。

これらすべてを「悪人」の意識をもって実践すると、次第に、腹の底が知れない「不気味な怖さ」をまとうようになっていきます。

あなたは、相手にとって、弱くない、有害でもない存在となり、相手の攻撃欲は萎えていきます。「こいつを攻撃しても面白くない」「なんとなく怖い」という具合に、攻撃することを諦めていくのです。

**いつも攻撃されている時点で、間違っても、もう相手に好かれようとなんて、しないこと。**その姿勢も相手には「弱さ」と映ります。

強引に歩み寄ろうとするのではなく、逆に日々、着実に距離を取っていくことを意識してください。

そして再度、確認しておきますが、これは「戦い」ではありません。相手への憎悪や敵意を感じることもあるでしょうが、すべてのステップを、熱い闘争にならないよう、冷めた視線で淡々と実践してください。

## 大切なのは一貫性

以上のことを踏まえたうえで、**このSTEP6でもっとも意識していただきたいのは「一貫性」です。**

日々、一貫した実践によって、相手のあなたに対する認識を、「感情表現は平坦、言葉も最低限。日々、淡々と振る舞っていて、何となく怖い。『そういう人』なんだ」と少しずつ変えていく。

これが、最終的に攻撃欲を萎えさせていく中で最大のポイントとなるのです。

## 言い訳を作って突破する

本書のメソッドは、とにかく継続して、少しずつ少しずつ、キャラを変えていこうというものです。数日で、早くも状況が変わる兆しが見えることもあれば、半年以上かかることもあります。

ですから、**効果が感じられなくても落ち込まず、諦めずに継続してください。**メソッドを通じて、「攻撃しづらいキャラ」になっていけば、いつか必ず状況は変わります。「攻撃しやすいから、攻撃される」という、もっとも根本的な原因を断つことになるからです。

おそらく、メソッドを実践している最中にも、相手に不条理なことを言って責められたり、無理難題を突き付けられたりと、攻撃されることはあるでしょう。

**でも、そこで元の「攻撃されるキャラ」に戻ったら、またゼロからやり直しになってしまいます。**

攻撃されても以前のキャラに逆戻りせずに、着実にメソッドを実践していくために、そこは言い訳を作って突破しましょう。相手にわかってもらえない以上、攻撃される都度、突破することで、少しずつ状況を変えていくしかないのです。

## 言い訳には仮病を使う

少しずるい方法ではありますが、言い訳のひとつとして、「仮病」を使うというのはおすすめです。

**相手が攻撃してきたら、「何だか調子が悪い」という雰囲気を出して、相手の分を悪くする、つまり「自分は調子の悪い人を無慈悲に攻撃している」という状況を、相手に感じさせるのです。**

ただ、毎回「風邪気味」というのは少々無理があるし、その都度別の症状を考えるのも大変です。

そこで腰痛や偏頭痛など、「命には関わらないが、日々の家事や業務には差し支えてしまう」という程度の持病を考えておくといいでしょう。

攻撃されたら「また例の症状が……」というふうに顔をしかめ、つらそうにする。

そう決めておけば、攻撃されるたびに仮病を考える必要はなくなります。

そもそも、いつも攻撃されてしまう人は、少々「いい人」すぎるのでしょう。持病を盾にするくらいのずるさは、今からでも獲得してほしいと思います。

## キレたあとは水に流さない

STEP3で、感情表現を平坦にする、という話をしました。

**極端な感情表現は、相手にあなたの限界を見せることであり、限界を見せると、相手はあなたを「コントロール可能な人間」と見なします。**

だから号泣も爆笑も、キレてしまうことも避けたほうがいい、という話でしたね。相手は、単に自分の攻撃があなたに影響を及ぼす様を見たいがために、執拗に攻撃するものです。

相手の存在に心底、冷めることができていれば、相手に対する感情は自然と薄れていきます。でも、最初のうちは、相手の激しい罵倒に反応し、つい感情的になってキレてしまうことがあるかもしれません。

我慢できなかったのだから仕方ありませんが、問題はそのあとです。

**すぐに、「キレる前」の状態に戻らないでください。**

**すぐに元通りになると、相手から、「キレてもすぐに元に戻る＝あれくらい攻撃しても大丈夫」と侮られることになります。**

これではキレ損というものでしょう。

かといって、いつまでもキレ続けるのもよくありません。あなたが怒りを引きずっている様子に、相手は、あなたの有害性が増したと見なします。

そしてきっと、「いつまで怒ってるんだ！」と逆ギレするでしょう。

一番いいのは、キレた翌日、淡々とやるべきことはやるものの、「キレた余韻」は残すことです。

「まだ怒っているかどうかわからない」「だから何となく話しかけづらくて、気まずい」と相手が感じるような雰囲気を出すのです。

**キレたあとの数時間～1、2日間は、この「キレた余韻」の残っている態度を継続し、相手が話しかけてきても変えません。**

相手を追い詰めすぎても逆ギレを招くため、あくまでも「まだ怒っているのかどうか、わからない」という雰囲気を意識し続けてください。ただ、相手が話しかけてきたら、「そろそろ戻してやってもいいか」と心の準備だけはします。

## 相手の思惑に乗らない

相手には、「自分が話しかければ、元に戻るだろう」という目論見があります。あなたは「悪いと思ってるのかな、だったら許してあげようかな」「私もちょっと言い過ぎたしな」なんて思いそうになるかもしれませんが、それこそが相手の狙い目なのです。ここでも相手の思惑には乗らないことが重要です。

そして「キレた余韻」を残す期間が過ぎたら、普通の淡々とした態度に戻します。特別な感じはいっさい出さず、軟着陸させるイメージでスッと戻すだけです。

## 「無念さ」を漂わせる

本当は、感情の発露は全般的に避けたほうがいいため、キレることを積極的におすすめしているわけではありません。ただ、ステップを継続するなかで「ついキレてしまった」というときには、次善策として以上のことを意識してください。

実際、キレた後にうまく対応したことを機に、状況が大きく変わったというケースは少なくありません。
ちなみに、上司にキレるということはあまりないかもしれませんが、もしあった場合、取るべき対応は少し違ってきます。

**STEP4で説明したような「無念さ」の漂う言い方で謝ります。**

夫婦関係とは違い、自分より立場が上の人にキレてしまったのですから、理由は何であれ、一応は自分のほうに非があると認めたほうがいいでしょう。

## モヤモヤしたときはスッキリポイントを後ろにずらす

一方的に攻撃されて、キレはしなかったものの、代わりにモヤモヤとしたまま一日が終わることも多いものでしょう。

**そんなときは、翌日、普段よりさらに言葉数を減らし、気まずい雰囲気を出します。**

相手は、どれだけ嫌なことを言ってあなたを傷つけても、自分が機嫌を直せば、あなたも機嫌を直すだろうとタカをくくっています。そんな相手の甘い予想を覆すということです。

明らかに根に持っている雰囲気は出さないように気をつけながら、どことなく「あんなふうに攻撃されたことを許していない」という感じを出します。

**傷ついた雰囲気ではなく、「許していない」という雰囲気を意識してください。**

いっそう言葉少なに淡々と過ごしていれば、自然とその雰囲気は出るはずです。

すると相手は、「攻撃すると、こんなに気まずい雰囲気になるんだ」と思い知ることになります。そう相手が思い知っていると感じられれば、あなたのモヤモヤはここで解消されます。

そして、このように「あとからモヤモヤは解消される」ということを、あらかじめ想定しておけば、攻撃されたときに、つい感情的に言葉を返してしまうという事態も避けられるでしょう。

**その場で感情的に言い返すことではなく、あとから相手に気まずい思いを味わわせ**

**ることでスッキリするんだ、という心構えをしておくのです。**

すると、攻撃されている最中にも、「あらあら、こんなに攻撃しちゃって、あとから自分が気まずい思いをすることになるのに、バカだな……」というふうに、相手に対していっそう冷めていく自分に気づくはずです。

**ひと言でいえば、「スッキリするポイント」を後ろにずらすということ。**これも、すぐには攻撃が止まない中でメソッドを実践しつづけるための、ひとつの心得としてもらえればと思います。

## メソッドを継続すればするほど、相手の立場が下がっていく

相手の攻撃は、ある意味、あなたの反応の写し鏡になっています。

あなたがへりくだった態度を見せれば見せるほど、相手の立場が強くなり、思うまま攻撃される羽目になります。

当たり前と思われそうですが、意外とこのシンプルな図式を理解していない人が多

く見受けられるのです。

**ここで改めて自覚してほしいのは、自分の関わり方が、相手との力関係を決めているということ。**

だから、反応を減らす、言葉を減らす、接点を減らすといった変化を、「悪人」の意識で継続することが重要なのです。

## 積み重ねで立場が逆転する

一つひとつは小さな対処法ですが、継続し、変化を積み重ねていくと、相対的にあなたの立場のほうが上になっていきます。

**なぜなら、このメソッドを実践することで、あなたは今までより主体性を発揮するようになるからです。**

今まではは相手の手中だけにあった主導権をあなたのほうが握るようになり、その中で勝手に相手の立場が下がっていくというわけです。

たとえば、何をするにも夫に相談し、そこで攻撃されていた人が、何も相談せずに決めたり、決めたあとで「こうするから」と伝えたりするようにしたら、あっけなく攻撃されなくなった、といったケースもよくあります。

**攻撃が止まったのは、ガンガン戦って勝ち取ったからではありません。**ごく消極的な関わり方へと変えていくということを、一貫して実践したことで、立場を逆転させたのです。

すでにあなたは、内に秘めた「悪人」の意識で、敵対的な雰囲気を出さずに、反応も言葉も接点も減らしてきています。

引き続き、**言い返したりすることで勝とうとはせず、人間力関係そのものを逆転させるつもりで対処していってください。**

対処をすることで相手の攻撃が減ってきたらメソッドを一貫して実践することで、相手の目に映るあなたの人物像は確実に変わっていきます。

**以前は100パーセントあなたの感情の動きを掌握し、コントロールできると思っていたのに、何だか近頃うまくいかない。**

すべてにおいて淡白になっていて、もはや何を感じ、考えているのかわからない。

だから、攻撃したくても、どこに怒っていいのかわからない。

思惑通りに反応しないし、どうも攻撃が「効いていない」感じがする……。

**こうして、あなたが「弱くて有害で、攻撃してもいい人」から「弱くも、有害でもなく、攻撃しづらい人」に変わりつつある中で、相手の態度にも変化が生じます。**

一時的に攻撃が止むのではなく、普段から攻撃されなくなっていくはずです。

そうなったら、少しずつ態度を軟化させていくといいでしょう。

## 攻撃が止んでも元に戻ってはいけない

もちろん、いつも攻撃されていた頃の「弱くて有害で、攻撃してもいい人」に戻るということではありません。「もう大丈夫」とばかりに、一気に人間性を表に出して、感情表現を豊かにしていいわけでもありません。

**相手が「攻撃しづらい」と感じる程度のオーラはまとったまま、淡々とした冷たさを、ほんの少しだけ和らげるのです。**これは、最終的に着地させる「平和共存」の関係性のクオリティを、少しでも上げるためです。

ここでも、変化させていることを相手に察知されないように気をつけてください。あくまでも少しずつ、相手が「気がついたらちょっと気まずさが減っていた」と感じるくらいのスピードで、態度を軟化させていきます。

**そして適度な距離感に着地させたら、あとは自分の人生を生きてください。**

距離感のイメージは、「別々の仲よしグループにいるクラスメイト」くらいです。必要以上に関わることはないが、憎み合っているわけではなく、平和に共存している、というくらいの関係性に軟着陸させるイメージです。

こうして平和が成立したところで、もしかしたら、序章でもお話ししたように、しかるべき愛情や信頼が生じるかもしれません。

でも、それはあくまでも結果論ですから、「攻撃が止んだら、愛のあふれる夫婦関係になれる」「攻撃が止んだら、信頼感あふれる上下関係になれる」という期待は持たないでください。

平和が訪れ、あなたが自分の人生を生きる環境が整えば、それで上等なのです。

## 相手が「支配欲」も強いタイプの場合

今まで、あなたは「悪人」の意識をもって相手に無関心になり、反応を減らし、言葉を減らし、接点を減らしと、腹の底が知れない「不気味な怖さ」をまとうように振る舞ってきました。

相手は、そうとう気まずい思いをしているはずです。その成果として攻撃のない日常が訪れたら、少しずつ適度な距離感の平和共存へと落ち着かせていく。ここで、今までのステップの総仕上げをするというわけです。

もし、今までのステップをしっかり実践しつづけても攻撃が止まなかったら、あなたをいつも攻撃する人は、攻撃欲が強いだけでなく、支配欲も強いタイプと考えられます。

その場合は、もうひと踏ん張りする必要があります。次のＳＴＥＰ７〜８へと進んでください。

# 第3章

# それでも「攻撃」が止まらないときの最終手段

# 冷たい威圧感を出す

## ある程度の威圧感が必要

支配欲というのは、いつもあなたを手元に置いておきたい、肉体的にも心理的にも、自分の責任や苦痛を代わりに引き受ける役として必要としているということです。言ってみれば、あなたを強引に引き寄せる「引力」が働いていると考えてください。

ただ攻撃欲が強いだけのタイプなら、STEP6までの対処法をしっかり実践すれば、状況を変えることができます。

でも、攻撃欲に加えて支配欲も強い場合は、今も言ったように強い「引力」が働いているため、それを引き剥がし、相手を押し返す力を加える必要があります。

と言っても、行動そのものは、これから特別なことをするわけではありません。基本的には、STEP6までの対処法を実践する際に、「冷たさ」と「不気味さ」を特別に意識して、相手に接するのだと考えてください。

**支配欲の強い相手から支配されないためには、ある程度の「強さ（怖さ）」をもって、支配されないという意思を示していく必要があります。**

一般的に、他者に対してそのような意思を示すときは熱く説明したり、時には、怒鳴ったりもします。

でも、すでにこの本を手に取っているような方は、おそらく、そのような方法での、「強さ（怖さ）」を表現することは、苦手ではないかと思います。

説得や大声を出すなどの熱い表現では、支配欲の強い人から、支配欲を萎えさえる程度の威圧感は出せないのかもしれません。

もしそうなら、熱さを表現するのではない方法で、相手の支配欲を押し返すための威圧感を出す必要があります。

**熱さではなく、逆に、冷たさを意識するわけです。**血も涙もないような、凍えるように冷たいオーラをまとい、威圧感を出すことが、相手の引力を押し返すことにつながります。

## 威圧感を出すには「冷めたオーラ」をまとう

決して「私には血も涙もない」ということを、敵対的な言葉や態度で明らかにするのではありません。

**敵意のある言葉を返すわけではなく、やるべきことを放棄するのでもなく、ただただ、雰囲気だけが冷たい「冷めたオーラをまとう」わけです。**

するとあなたは、やるべきことはちゃんとやっていて、それなのにオーラだけが冷めているので、あなたのその姿は相手から見ると、ただただ攻撃しづらい雰囲気だけが際立ち、攻撃する糸口を見つけられなくなります。

どうしたらいいのかわからなくなり、「こいつのことは、支配できないのではないか」という期待が弱まっていくわけです。

本来、威圧感を出すことには、相手があなたの敵意を感じ取り、攻撃を強めるきっかけとなってしまうというリスクがあります。

そのため、STEP6までは、特に威圧感を出すという対処法はお話ししてきませんでした。

ただ、**支配欲が強いタイプが相手となると、ただ攻撃をかわすだけでなく、こちらから相手を押し返す力も必要です。**そのために、まずは「敵対的ではない冷たさ」を強めて、必要な威圧感を出せるようになっていくことが欠かせません。

## 「冷たい威圧感」を出す発言・表情のコツ

冷たい威圧感を出す方法は意外とシンプルです。あなた自身が**相手に接するとき、熱くではなく、冷たい（冷めた）雰囲気によって、相手を引かせることを意識します。**

たとえば、今までは「短く、穏やかに、言い切る」だったところに「冷たさ」を足して、**「冷たく、短く、穏やかに、言い切る」**ようにします。

もちろん「短く、穏やかに、言い切る」だけでも、ある程度の冷たさは出ますが、もっと意識的に冷たくするという感じです。

笑うときにも、今までは「歯を見せない微笑み」でしたが、もう少し冷たい印象にします。どちらかの口角だけをキュッと上げて笑い、すぐに「真顔」になる、というふうにすると、攻撃しづらいオーラが出ます。

STEP6までは、「真顔」は敵対的と受け取られがちなので、おすすめしていませんでした。

でもここでは、より冷たさを出すために、「穏やかな顔」よりも「真顔」になる機会を増やすことをおすすめします。そうすることで、冷たい（冷めた）印象を作ることができます。

また、**支配欲が強い相手に対しては、いわゆる「キョトン顔」を作るのも効果的です**。たとえるならば、ハニワです。あなたが何を考えているか表情から読み取れなくするわけです。

次の項でも説明しますが、他人を支配したいと思ったら、相手が何を考えているかがわかっている必要があります。

しかし、あなたが「キョトン顔」をすると、敵対的な印象にはならないのに、何を考えているかが読めなくなり、支配のしようがなくなるのです。

また、**支配欲の強い人の大半は、心の底では、自分が筋の通らない主張をしていることに気づいています。**ですので、あなたが「キョトン顔」を貫くと、相手は、自分が筋の通らないことを言っている現実に向き合わざるを得なくなります。

そうなると、相手があなたに対して、不条理に引き受けさせようとしている責任についても、敵意なく、引き受けることを回避することができるのです。

解決されていない、曖昧で宙ぶらりんな状態を、空っぽな顔で放置し、相手が自分で回収しなくてはいけないようにするのです。

## 沈黙も効果的

**冷たさを出すには、もちろん「沈黙」も効果的です。**今まで以上に「沈黙が平気な人」、もっといえば「沈黙が平気すぎる人」の雰囲気で沈黙を量産し、いっそう必要最小限の会話にとどめます。

その最低限の会話も、まるで教科書を読んでいるような、棒読みに近い感じにすると、あなたの感情が読まれず、独特の威圧感が出るので、相手は、どう攻撃していいかわからなくなります。

これらのことをやってのけるには、当然、内に秘めた「悪人」の意識もさらに強める必要があります。

まずは自分一人のときに、話し方や表情を練習してみてください。前よりさらに冷たく、威圧感が加わった雰囲気になることが感じ取れるはずです。

今、挙げたのはすべて、とても人間的とはいえない対処法です。今まで実践してきたことの強度を高めるというのは、より人間らしくない関わり方をしていくこと、と言ってもいいかもしれません。

となれば、当然、「平和共存」のクオリティは下がりますが、かといって、相手の支配を抜けない限りは、平和な関係は作れないわけだから、まずは先に、相手に「支配できない」という印象を与え、その上で平和な関係を作るのだ、というイメージを持ってみてください。

## 「不気味な怖さ」をまとう

ここまで説明してきた対処法を実践してきていれば、じつは、あなたはすでに「不気味な怖さ」の使い方を身につけているはずです。

ここまでは、反応を減らすことで、何かを秘めている雰囲気で「得体の知れない怖さ」をまとう、というふうに説明してきましたが、**支配欲の強い人を相手にする場合は、その「得体の知れない怖さ」をもっと強めて、「不気味な怖さ」をまとうことをイメージしてください。**

「不気味な怖さのある人」というのは、支配欲のある人が最も苦手とする人種です。

他人を支配するというのは、相手が何を考えているかがわかる場合にのみできる行為です。

**相手のことがよくわからない場合、その人を支配するというのはできないのです。**

ここまでメソッドを実践してきている人は、すでに「得体の知れない怖さ」を通して、「不気味な怖さ」もイメージしやすくなっていると思います。

今後、支配欲の強い相手に対しては、「私は『不気味な怖さ』の巧みな使い手になるんだ」と自覚して向き合ってみてください。

自然と醸し出されるだけでなく、「意図的に出しているんだ」というところまで、自分の意識レベルを上げるということです。

すると自然に「不気味な強さ」がいっそう強まり、冷たい威圧感を倍増させることができます。

# こっそり行動する

## 本当の人生は攻撃が終わってから始まる

ここまできたら、いよいよ最終段階です。支配欲の強い人に対しても、このSTEP8までを徹底させれば、遅かれ早かれ、状況は大きく変わっていくでしょう。この最終段階で、また改めてお伝えしておきたいことがあります。

**それは、平和を作り、あなたの人生を生きられるようにすることが、このメソッドを実践する目的だということです。**

あなたは、残念ながら攻撃欲の強い人と出会ってしまい、そこにあなたの関わり方が影響して、「いつも攻撃する・される」という関係性ができあがってしまいました。

そこで、本当ならやらなくてもいいようなこと――「悪人」の意識を持って相手に対する関心を減らし、反応を減らし、言葉を減らすといったことを、やらなくてはいけなくなってしまったのです。

これが本書を手に取り、メソッドを実践することになった経緯だということを、ここでもう一度、自覚してほしいと思います。

このメソッドは、いわば人生を再出発させる準備段階のものであり、人生の本番ですることではありません。

**本当に大切なのは、このメソッドを実践したことで平和が訪れた、そのあとです。**

もう攻撃されず、相手と平和共存できるという最低限の条件がそろったところで、あなたが自分の人生をどう考え、どう生きていくかが問われるのです。

## 「依存心」を捨てて「単独者」として生きる

『単独者』として門をたたくこと」。

教育学者の齋藤孝氏が本に書いていたことです。齋藤氏は、これを座右の銘の一つとして、研究室にも貼ってあるといいます。

これは、いつも攻撃されるという状況を脱したあなたが、その後の人生を生きていくための心得としてもぴったりだと思います。

**相手の影響下から抜け、相手に依存せず、一人の人間として生きる、まさに単独者として生きるんだという心構えを持ってください。**

今まで本当に多くの方の相談に乗ってきましたが、攻撃のターゲットになる人には、ひとつの場所や人に依存する傾向があるように感じています。依存というよりも、居場所となる拠り所がひとつしかない、少ないと言ったほうがしっくりくるかもしれません。

そのため、このメソッドを実践する中で、相手との距離が離れていくことに少し寂しさを感じることもあるかもしれません。いつも攻撃され、傷ついているというのに、それでも、心のどこかで相手が拠り所になっているのです。

そんな依存心があるかぎり、相手の支配から抜けることはできないでしょう。

いくらメソッド通りに関わり方を変えてみても、ときおり依存心が顔をのぞかせれば、相手は安心してあなたを侮りつづけ、攻撃し、支配を続けるに違いありません。

このように、最後の最後で、**あなたの中にある依存心に邪魔をされないためにも「単独者」として生きるという覚悟を決めてほしいと思います。**

ただ、急に依存心をなくそうといっても難しいというのも事実です。ですから、もう一人の相手に依存しなくて済むよう、別のところに拠り所を見つけるといいでしょう。

拠り所が多ければ多いほど、一つの対象への依存は薄くなります。

今までは、いつも攻撃してくる相手しか見えていなかったから、それだけ相手への依存心が強かっただけなのです。

趣味でも仕事でも何でもいいので、相手のいない世界に、何か夢中になれるものを探してください。

それが、今後の人生の目的や目標、生きがいの源となり、あなたはまさに「単独者」として、自分本来の人生を生きていけるでしょう。

「単独者」として生きる意識が重要なのは、会社員の場合も変わりません。

あなたは上司の支配下にいると思っているかもしれませんが、あなたは一個人として会社に雇われているのです。

今までは上司の存在に萎縮し、上司に指示されることしかできなかったかもしれません。それが「指示待ち」という一種の依存につながっていた一面も、おそらくあるでしょう。

でも、このメソッドを徹底して実践していれば、もう以前のようなあなたではありません。

上司の被支配者ではなく、会社の利益に貢献する一個人として、自ら仕事を作っていけるようになるはずです。これも、「単独者」として生きるという意識に支えられて、可能になることなのです。

## 「基本」と「例外」を逆転させる

今も言ったように、いつも攻撃される人には、ひとつの対象に依存する傾向があります。

心のどこかで「この人がいなくてはダメだ」と思ってはいませんか？　逆に「この人には私がいなくてはダメだ」というのも同じです。

**では、依存していないというのは、どういう心の状態でしょうか。**

いろいろな言い方があると思いますが、**おそらく一番わかりやすい表現は「ただ、いればいい」です。**

「あなたがいなくてはダメ」「この人は私がいないとダメ」と相手にもたれかかるのではなく、相手のことを「ただ、いればいい」と思っているのが、依存心のない状態なのです。

**そうなるには、関わり方の「基本」と「例外」を逆転させると考えてみてください。**

たとえば、常に話し合おうとする、何でも相談しようとする。おそらく、今までは、これがあなたにとっての「基本」であったはずです。

こうした関わり方をする人が、たまたま攻撃欲や支配欲の強い人と一緒になってしまうと、ターゲットになりやすいものです。

これからは、そんな「基本」のすべてを「例外」とひっくり返してしまいましょう。すなわち、話し合う、相談するというのを「例外」とし、話し合わない、相談しないというのを「基本」とするのです。

**いかに距離を縮めるかではなく、いかに距離を取るかを考えると言ってもいいでしょう。**

今までは、相手に対する依存心から、もっとわかり合いたい、愛し合いたいという希望があったかもしれません。

でも残念ながら、相手はあなたの気持ちにつけこみ、攻撃するような人間です。攻撃しながらも、あなたがいなくなることを極度に恐れ、強く引きつけようとしている人間です。

そんな人が相手では、「近づくこと」では解決できない。**「離れること」に力を注いでこそ解決できるのだと、考えを改める必要があるのです。**

今までの「基本」と「例外」をひっくり返すことで、自然と相手との距離はどんどん離れていきます。

そうしているうちに依存心も薄れていき、夫婦間であれ上下間であれ、自然と「ただ、いればいい」と思えるようになっていくでしょう。

## 「黙ってやる」だけで、思った以上に多くのことが達成できる

あなたが、相手のいない世界に熱中できるものを見つけても、そのことが相手に伝わらないように気をつけてください。

今まで何でも話し合う、相談するというのが「基本」だったとしたら、「これから、こういうことをやってみようと思う」と伝えたくなるかもしれません。

**でも、支配欲が強い人は、あなたが自分の目の届かないところに行くことを極度に恐れています。**物理的にも心理的にも、あなたを手元に置いておかないと不安だから、支配しようとしているのです。

こうした心理メカニズムが働いているため、あなたが少し単独性を見せただけでも、「離れていくサイン」と受け止めます。そして一人ぼっちになる恐怖心から、支配を強めようとするでしょう。

したがって、これからやりたいことについて相談すれば、協力するどころか、きっと積極的に邪魔をしてくるはずです。夫であろうと上司であろうと同じです。

「こういう趣味を始めたい」「パートに出たい」と言えば「家をおろそかにするのか」「自分の稼ぎで十分だろう、何が不満なんだ」と責め、あなたが家庭の外に居場所を作ることを、全力で阻止しようとするでしょう。

上司であれば、あくまでも、あなたを自分の手足として使うために、あなたが単独で動くような仕事を、ことごとく阻止しようとするはずです。

**ですから、やりたいことを「こっそり実行する」というのが、今後は非常に重要になってきます。**

「違う仲よしグループにいるクラスメイト」ぐらいの距離感で、相手と平和共存できるようになったら、あくまでも「こっそり」と、自分の人生を生き始めるということです。

## 「ギャフンと言わせたい」と思ったら要注意！

ここで、くれぐれも注意してほしいのは、「こっそり実行する」というのを、決してノリノリでやらないことです。

**もう一度言いますが、「こっそり実行する」のは、あなたが相手の干渉を受けずに、自分の人生を生きるためです。**

「あなたの知らないところで、私は私で生き始めているのよ」と相手に知らしめ、ギャフンと言わせるためではありません。

今までの過程で、すでに相手に対する関心は、極限まで低くなっているはずです。

**目指すべきは、相手に一矢報いることではなく、「平和」であるということ。**

これも、何度もお伝えしてきたので、よく飲み込めているはずです。

それなら心配ないのですが、いまだに「一矢報いたい」「ギャフンと言わせてやりたい」という思いがくすぶっているとしたら、要注意です。

そういう思いが心の中にあると「私はこっそり行動することで、あなたの支配を脱するんだ」と、暗黙のうちにアピールしたくなってしまうからです。相手からすれば、「近頃コソコソしている怪しい雰囲気」が出てしまうのです。

この考え方に陥っている人に、私はよく「ギャフンと言わせたいのかもしれませんが、ギャフンと言わせたら、またギャフンと言わされますよ」と話します。

あなたがコソコソしている怪しい雰囲気を察知した相手が、再び攻撃欲と支配欲をたぎらせるという、逆効果を招きかねません。こうして、今までやってきたことが最後の最後に台無しになってしまう危険があるのです。


**これまでにも何度もお伝えしてきたことですが、このメソッドの目的は、あなたが自分の人生を取り戻せるよう、「平和」を作ることです。**


そのために、あなたは相手の存在に対して心底、冷め、反応も言葉も接点も減らすということを、一貫して実践してきました。

**「こっそり行動する」とは、そんな自覚を保ったまま、本当に相手に察知されないよう、「こっそり行動する」ということなのです。**

やってみれば、相手に黙って行動するだけで、どれほど多様なことが実現できるか、きっと実感するでしょう。

ここまで来て、ようやくあなたは、このメソッドのゴールにたどり着いたことになります。

それは同時に、新たな人生のスタートです。これからは、また攻撃される恐怖も支配される不安も感じることなく、どうぞ思う存分に、あなた自身の人生を生きていってください。

**著者紹介**

## Joe

モラハラ対策カウンセラー。

1976年生まれ。典型的なモラルハラスメントの関係にある両親の元に生まれ、幼少期を過ごす。

その経験を通して、モラルハラスメントをする人、される人の心理を知り、その後徐々に、周囲の同様の環境にある人たちに、モラハラ対処のアドバイスをするようになる。現在は、世の中の「離婚できない事情のある」モラハラ被害者を対象に、モラルハラスメントの被害を受けないためのメソッドを伝えるため、「離婚しないモラハラ対策カウンセラー」として、個人カウンセリングや各地での講演等の活動をしている。

ブログ　https://ameblo.jp/moraharagekokujo/
メルマガ　https://www.reservestock.jp/subscribe/21625

# 離れたくても離れられない あの人からの「攻撃」がなくなる本

2019年3月15日　初版第1刷発行
2021年4月14日　初版第8刷発行

著　者　Joe
発行者　小川 淳
発行所　SBクリエイティブ株式会社
〒106-0032 東京都港区六本木2-4-5
電話 03-5549-1201（営業部）

ブックデザイン　tobufune（小口翔平＋喜來詩織）
カバーイラスト　あまささみ
編集協力　福島結実子
組版　アーティザンカンパニー株式会社
校正　聚珍社
編集担当　木村文
印刷・製本　中央精版印刷株式会社

本書をお読みになったご意見・ご感想を下記URL、QRコードよりお寄せください。
https://isbn2.sbcr.jp/01386/

落丁本、乱丁本は小社営業部にてお取り替えいたします。

定価はカバーに記載されております。

本書の内容に関するご質問等は、小社学芸書籍編集部まで書面にてお願いいたします。



ISBN978-4-8156-0138-6